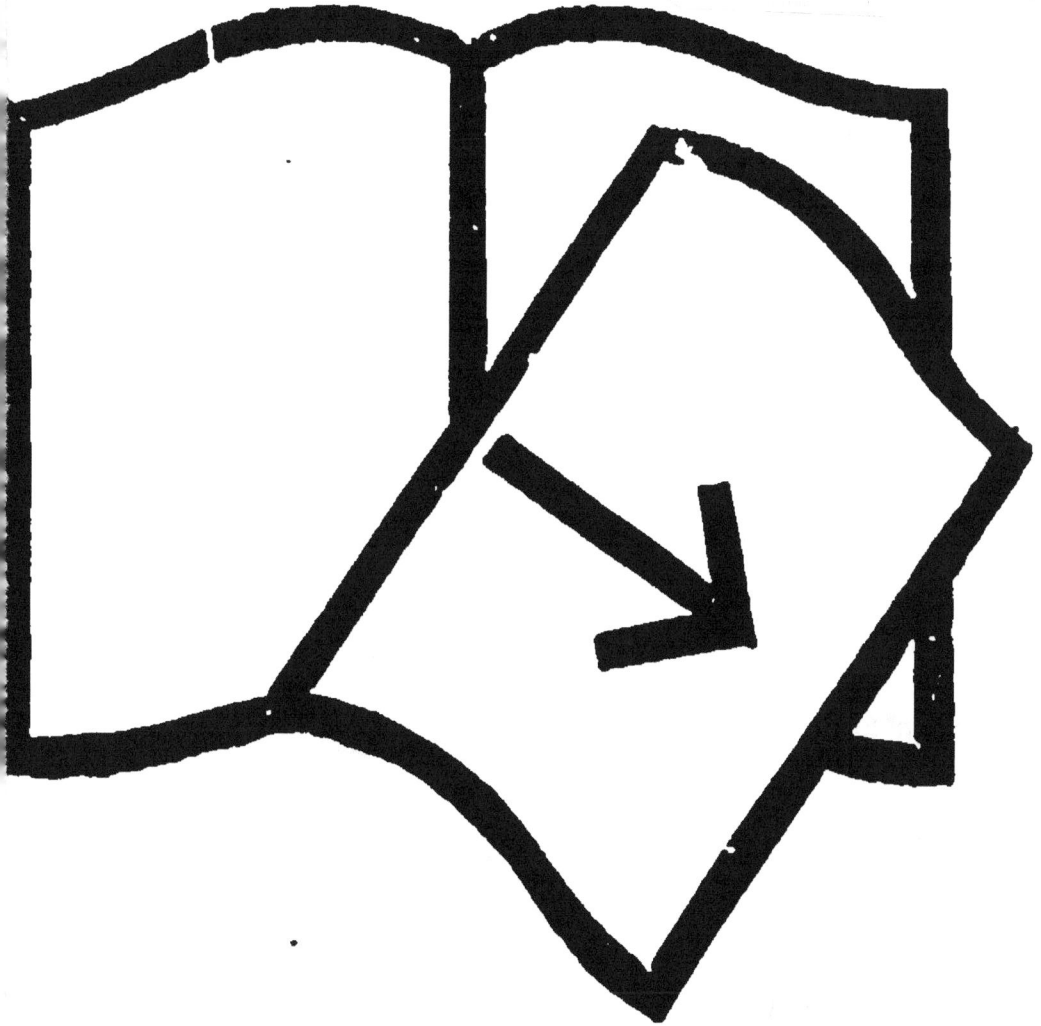

Couvertures supérieure et inférieure
manquantes

ÉTUDE

SUR LES

ÉTYMOLOGIES des NOMS de LIEUX et des NOMS de FAMILLES

dans l'Avranchin

ÉTUDE

SUR LES

ÉTYMOLOGIES des NOMS de LIEUX et des NOMS de FAMILLES

DANS L'AVRANCHIN

PAR UN MEMBRE TITULAIRE

Victor Brunet

DE LA

Société d'Archéologie, Littérature, Sciences & Arts

des Arrondissements d'Avranches et de Mortain

AVRANCHES

IMPRIMERIE TYPOGRAPHIQUE ET LITHOGRAPHIQUE DE JULES DURAND

RUES BOUDRIE, 2, ET QUATRE-ŒUFS, 24

1894

Etude sur les Etymologies des noms de lieux et des

noms de familles dans l'Avranchin

Le travail que nous avons entrepris est un voyage dans l'inconnu ; il nous a ménagé des surprises, et, nous n'en doutons
pas, ce seront aussi des surprises pour ceux qui voudront nous
suivre, car c'est un terrain bien inexploré.

Sans confiance dans les étymologies, nous avons cru longtemps que c'était une étude inutile, qui ne pouvait amener
aucun résultat ; car souvent le même mot peut avoir deux ou
trois étymologies également acceptables, et, par suite, les mêmes
noms dans deux lieux différents peuvent avoir des étymologies
différentes ; d'un autre côté, on va souvent chercher les étymologies dans des mots celtiques, germaniques, latins ou scandinaves, qui avaient perdu totalement leur signification primitive
dans le temps où les noms ont été donnés ; d'où il suit évidemment qu'on arrive à donner aux noms des sens qui n'ont souvent presque aucun rapport, ou du moins que des rapports très
éloignés, avec le sens véritable.

En suivant cette voie assez généralement admise, on peut
arriver à trouver le sens des noms de villages qui se tirent de la
nature du sol, surtout quand on connait suffisamment les lieux ;
parce que la nature du sol n'ayant pas changé, le sens des mots
qui la désignent n'a pas varié non plus. Il n'en est déjà plus de
même pour les terres qui ont été défrichées et mises en culture.
Les noms donnés à ces terres rappellent en général ce qu'elles
étaient primitivement, des bois, des landes sèches ou humides ;
mais, aujourd'hui, beaucoup de ces terres ne justifient plus la
signification du nom qu'elles portent, quoique parfois on puisse
encore reconnaître qu'elles l'ont mérité.

Quant aux noms de famille, c'est un fait historique qu'il y en a fort peu d'antérieurs aux xiii° et xiv° siècles; avant ce temps, on trouve fort peu de noms patronymiques. Dans l'Avranchin, en particulier, on ne peut guère citer que Paynel, Avenel, Servain, Giffard, qui paraît rarement, et Dodeman. Ces familles sont à peu près les seules dont les membres portent un prénom, Foulques Paynel, Raoul Avenel, Henri Dodeman, Richard Servain. Quand il s'agit des membres d'autres familles, on dit simplement : Raoul fils de Jean, Osmond fils de Pierre, etc. — Les seigneurs furent les premiers à prendre des noms patronymiques, et ce fut généralement le nom du lieu qu'ils habitaient ; encore pendant longtemps, le nom du père ne passa pas au fils, si celui-ci n'habitait pas le même lieu, et tous les frères ne portaient pas le même nom que le père. Ainsi, il résulte de différentes chartes que Roger de la Boulouze, Hamelin des Mares et Durand étaient trois frères, nés du même père. Peu à peu cependant, l'aîné au moins de la famille, continua comme son père à porter le nom de son lieu d'origine, lors même qu'il habitait ailleurs. Mais cette coutume ne fut pas encore invariable, et sans remonter plus haut que les deux derniers siècles, on voit souvent un membre d'une famille joindre à son nom celui d'une terre ; puis son fils et successeur ne prendre que le nom de cette terre.

Pour ce qui concerne le peuple, les noms patronymiques eurent plus de fixité, mais, en général, ne furent donnés que beaucoup plus tard. Beaucoup ne sont que des noms donnés à la naissance d'un enfant ; ils devinrent noms patronymiques de leurs descendants. D'autres sont tirés des lieux, des professions, des métiers, et plusieurs ne sont que des sobriquets donnés par les seigneurs à leurs serfs. Il nous semble donc très déraisonnable d'aller chercher l'étymologie des noms de famille dans des noms francs et scandinaves, ceux qui portent aujourd'hui ces noms n'ayant aucun rapport de famille avec les francs et les scandinaves qui les ont portés. — Croira-t-on, par exemple, que le nom d'Anquetil, donné vers le xiv° siècle, ait quelque rapport de famille avec un scandinave Ansketil (chaudière des Azes), qui vivait quatre siècles auparavant ? — Non. Tout le rapport qu'on peut supposer, c'est qu'un scandinave Ansketil avait donné son nom à un village appelé depuis l'Anquetillère, et que les nouveaux Anquetils ont pris ce nom, parce qu'ils habitaient ce village. — Le nom germanique *Rick-bald*, riche et puissant, dont on a fait Ribaud, fut donné en France d'abord aux portefaix, qu'on supposait devoir être *forts à bras* ; et comme parmi les portefaix il s'en trouve souvent qui sont buveurs et de moralité suspecte, Ribaud devint chez nous synonyme de débauché ; de là sont venus les mots *ribote* et *riboteur* ; et les Ribauderies et Rifauderies furent des lieux de débauche. Quel rapport trouvera-t-on entre ces Ribauderies et *Rick-bald* ? Il en est de même de beaucoup d'autres mots qui, en changeant de langue, ont totalement perdu leur signification première. — Où donc faut-il chercher les étymologies ? le plus souvent dans la basse latinité, la langue romane et le patois normand. C'est là en effet que nous trouvons les mots employés dans le sens où ils ont été donnés aux lieux et aux hommes.

M. Le Héricher, qui certainement a trouvé de bonnes étymologies dont plusieurs nous paraissent peu contestables, s'est cependant souvent fourvoyé, croyons-nous, en cherchant trop d'étymologies dans les langues du Nord.

C'est un principe généralement admis par les experts et les maîtres, que dans la recherche des étymologies, il faut beaucoup se défier des hybrides (mots composés qui appartiennent à deux langues différentes), et les tenir toujours pour suspects. Mais ce principe nous paraît radicalement faux, et nous prétendons au contraire qu'il y a, et même qu'il doit y avoir un grand nombre de mots hybrides. En effet, les Romains qui vinrent habiter les Gaules n'y conservèrent pas la langue latine dans toute sa pureté ; peu à peu ils admirent des mots celtiques en leur donnant une terminaison latine. Les Gaulois de leur côté admirent beaucoup de mots latins, et du mélange de ces deux langues latine et celtique, il s'en forma une nouvelle qui n'était ni l'une ni l'autre, mais conservait quelque chose des deux. Dans cette langue gallo-romaine, les Francs vinrent apporter des éléments nouveaux ; leur langue se fondit avec celle des Gallo-Romains, et de ce mélange sortit le roman, où l'on voit une multitude de mots ayant une terminaison latine, avec un radical celtique ou germanique, et quelquefois un radical composé de deux mots dont l'un est latin ou celtique et l'autre germanique. Les Normands vinrent à leur tour apporter encore leur contingent à ce mélange, d'où sortit le patois normand. Or, c'est avec des mots formés de la sorte et employés dans le sens qu'ils avaient alors, qu'on a nommé la plupart des lieux et des hommes. Donc, dans ces noms, il y a certainement beaucoup d'hybrides. Ainsi, nous en avons admis beaucoup sciemment et volontairement, n'en déplaise aux maîtres et aux experts, dont l'autorité en cette matière comme en beaucoup d'autres n'a jamais été pour nous d'un grand poids, et que nous avons souvent regardé comme un obstacle au progrès. On verra si nous avons eu tort.

I

Des eaux, rivières, fontaines ; des lieux et des hommes auxquels elles ont donné leur nom

Les celtes, peuples anciens de la Gaule, avaient beaucoup de mots pour désigner l'eau ; cela tenait sans doute à ce qu'ils avaient des origines différentes. Comme l'eau est un élément nécessaire à la vie, chacune des populations dont s'était formée la race celtique avait conservé le nom qu'elle donnait à l'eau, et tous les noms étaient passés dans la langue commune, en subissant un grand nombre de modifications, en sorte qu'on trouve au moins vingt-cinq ou trente mots qui, dans cette langue, signifient, soit l'eau en général, soit des eaux courantes.

Un des plus anciens, croyons-nous, est *aa*, qui s'est conservé dans le nom d'une rivière du nord de la France, l'*Aa*. De là sont sortis *ave, ève, ive, if*, et probablement *ille* et *elle* ; *ar, art* et *artz* ; *avon, aon, on, onne, ogne, ognon* ; *ouine* et *huisne, oun, ould* ; *ull, uld, ult* et *ouve*, et enfin *von* et *vand*, tous mots celtiques qui signifient eau, et le plus souvent eau courante, rivière, soit seuls, soit joints à un autre mot.

Adour, eau, est un mot qui est l'origine de beaucoup d'autres ; De ce mot sont venus *aour, our, oir, or, air, ay, ey, erre, erron, airon et airou.*

Ver, nom général qui signifie eau, a donné son nom à la Vire, à la Virène et peut-être à la Varenne ; mais ce dernier nom paraît plutôt venir du germanique *warenna*, et signifie une rivière gardée. Le vergne ou bois d'aulne, qui croît au bord de l'eau, tire son nom de Ver. Comme le V se change facilement en G, on peut supposer que *ger*, qui signifie également un cours d'eau, est une forme de *ver*. Il y a le Gers dans le midi de la France, et le Ger dans la Manche, rivière qui se jette dans la mer à Portbail.

Sée est un nom de l'eau très commun surtout dans le nord-ouest. Nous avons dans l'Avranchin la Sée, dont la Scie du nord de la Manche n'est vraisemblablement qu'une variante, pour la prononciation. Les Anglais ont conservé ce nom pour désigner l'eau par excellence, la mer, qu'ils appellent *sea*.

Thar est encore un mot celtique qui signifie cours d'eau, et selon la manière de prononcer le *th*, on en a fait *thar*, ou *tar*, *tarnet*, *tarn*, *sarre*, *serre* ou *saire*.

Tels sont, croyons-nous, les noms principaux par lesquels les Celtes désignaient l'eau en général, et en particulier l'eau courante. M. Le Héricher y ajoute *bièvre*, mot facile à reconnaître dans plusieurs rivières ; mais nous croyons qu'il se trompe. *Bièvre* est un mot d'origine latine et régulièrement formé ; il vient de *bibes*, loutre ou tout autre animal amphibie. De *bibes*, on a fait *bibéria*, *la loutreuse*, pour désigner une rivière fréquentée par les loutres ou par les poules d'eau. De *bièvre*, il essaie de faire venir *bieu*, nom d'un des affluents de la Sée ; nous croyons qu'il se trompe encore, et que *bieu* vient de *becium* ou *bedium*, mot de basse latinité dont on a fait biez, bief et en langage populaire bieu, mais qui signifiait primitivement un ruisseau, ou un cours d'eau. — Ce mot paraît venir de *bec*, mot commun à la langue celtique et aux langues du Nord et qui signifie ruisseau.

Il nous semble qu'à ces mots celtiques, il faudrait encore en ajouter un dont nous n'avons trouvé mention nulle part, et dont le radical serait *lig* ou *ling* ; les latins le transformèrent en *liger ;* c'est le nom qu'ils donnèrent à la Loire et aux nombreuses rivières qui portent le nom de Loir et Lerre.

Bronn et *born* en celtique signifient fontaine, source, *well*, dont on a fait *velles*, *vieilles*, *vieux* et *veulles*, signifie eau stagnante.

A ces mots pour désigner l'eau et les cours d'eau, les latins ont ajouté *aqua*, qui est devenu *ague*, *aigue*, *aix*, *acq* et *ac* ; *fons*, fontaine, dont on a fait *fontanetum*, lieu où il y a des sources, et *fontenella*, petite fontaine ; *mare*, qu'on a appliqué non seulement à la mer, mais à tout amas d'eau, et dont on a fait mare, moire, marette, moirette et morette ; *stagnum*, d'où le français étang ; et le mot *surgere*, jaillir, dont on a fait sourdre et source ; *rigus* et *rigulus*, ruisseau, qui ont donné *ri*, *ru*, *ruet* ; *ripa*, rive, d'où *riparia*, rivière, et peut-être encore d'autres mots que nous signalerons à l'occasion. Citons cependant encore *flacescere*, se dessécher, d'où les mots de basse latinité *flaco*, *flacca*, *flacum* et en français flaques, pour désigner des amas d'eau, de pluie, qui se dessèchent peu à peu.

Pour distinguer entre elles les rivières, les Celtes leur donnaient les noms différents qu'ils donnaient à l'eau soit seuls, soit réunis à d'autres, qui avaient la même signification, ou qui avaient des significations différentes. Nous trouvons un exemple frappant de la répétition du même mot dans *arar*, l'ancien nom de la Saône ; *arar* signifie littéralement l'eau de l'eau ou des eaux, et le nom actuel est encore formé de deux mots celtiques qui ont à peu près la même signification *sée-one*, l'eau des eaux. Nous trouvons la même chose dans une rivière de l'Avranchin, la Sélune, jadis appelée *Se-onna* ou *Seunna*, de *sée-on*, l'eau des eaux ou réunion de plusieurs eaux. — La Soulle, la Seulle et le Souliet, qui en est un diminutif, peuvent avoir le même sens. On peut faire venir ces mots de *sée-ull*, eau de l'eau ; mais ils viennent plus probablement de *sée-holl ou holl*, eau de la vallée ; cependant, si on leur donne cette origine, il faut reconnaître que dans la formation de ces noms, on n'a pas suivi la règle générale qui consistait à placer le nom qualificatif le premier. Couesnon, *coes-on*, signifie l'eau ou la rivière du bois, ou des bois. Les Braize, ou Broize, Braizelle et Brizelle, tirent leur nom de *brusc*, bruyères, dont les latins firent *Bruscia* et *Brosia* ; et ce nom leur vient de ce qu'elles prennent leur source dans des terrains couverts de bruyère.

Le Glanon tire son nom de *glen*, vallée, *glen-on*, eau de la vallée.

La Dolaine, autre affluent de la Sée, a reçu un nom germanique. Dolaine en effet paraît venir de *dœal*, partager, parce

que cette rivière fut la limite de Périers et de Lingeard. La
Sorde, en latin *surda*, est la rivière qui sourd, qui vient de
jaillir, du latin *surgere*. La Boienne, de *ko*, est la rivière des
boues. Le Limon, de *limi-on*, est également l'eau de la boue,
parce qu'il sort d'un lieu marécageux. La Gaintre et la Cance
ont reçu des noms de basse latinité, *Gantaria* et *Gantia*, dont
on a fait *Cancia*; ces noms viennent de *gantæ*, oies et canards
sauvages, et signifient rivière des oies. La Canciole est un diminutif de Cance, jadis appelée Or, dont les latins firent *aura*, ou
aurea, comme de tous les autres *or*, ce qui devint en français la
Dorée, comme si ces ruisseaux eussent roulé de l'or. La Sélune
n'a jamais porté ce nom dans tout son cours et a porté simultanément d'autres noms dans sa partie inférieure. A son origine
et presque jusqu'à son confluent avec la Cance, elle s'est toujours
appelée et s'appelle encore la Friette, de *fria*, sorte de petit
poisson qui s'y trouvait en assez grande quantité. Son affluent,
le Morignon, de *moræ-ogn*, est la rivière des landes. La Guerche
tire son nom de *garrigues*, terres incultes, à cause du lieu de sa
source, les hauteurs de Bellefontaine, qui n'étaient pas autrefois
cultivées. La Melène, comme le Melon, affluent du Glanon, est
la rivière jaune, *mellania* ou *melica*, ou l'eau jaune, sans doute
à cause du fond d'argile jaune, au moins dans une partie de
son cours, et qui donne à ses eaux une couleur jaunâtre quand
elle est grossie par les orages. Le Bahon, *badia-on*, est la rivière
brune; l'Argence, ou Argonce, *ar-g-on*, est la rivière des eaux,
ou réunion de plusieurs eaux. Deux rivières portent ce nom;
l'une des deux se nomme aussi Serouenne, *saire-onne*; c'est
aussi la réunion de plusieurs eaux. L'Airon, c'est simplement
la rivière; son affluent la Cambe, est la rivière de la Vallée
(*comb*); la Cambenette est un diminutif de Cambe; la Nyse
(*de nusia*), paraît tirer son nom des Noes ou Noues, c'est-à-dire
des prés marécageux de Naftel, où elle prend sa source; c'est la
rivière des Noës. Le Loir, qui vient de la Bretagne (*liger*),
nous paraît aussi signifier la rivière. Le Beuvron, jadis Bevron,
est bien *biberia-on*, la rivière des loutres. L'Oir est l'eau ou la
rivière; son affluent, le Ruandel, est le ruisseau des villages
(*rugæ*, dont on a fait rues, nom donné à quelques hameaux).
Le Raliony, qui passe à Montgothier, est *ralli-on*, l'eau du
ralle ou des ralles; le Douvey, ou mieux l'Ouvet, qui traverse

Marcilly, est la petite *ouve*, ou la petite eau ; le Beaulinge, qui passe aux Chéris, c'est le Vaulinge (*vallis-lig ou ling*) ; nous avons déjà signalé *ling ou lig*, dans *liger*, comme désignant un cours d'eau ; nous le retrouverons encore sous la forme *ling*, *live* ou *lif* ; le Beaulinge est donc l'eau ou le cours d'eau de la vallée. Le Toce, autre affluent de l'Oir, c'est la rivière de la touche, *tosca*. La Dierge, jadis la Guerge, affluent du Couesnon, tire son nom des nombreux *gords* ou pêcheries qui furent établis dans cette rivière, ce que les latins appelèrent *gurges*, *gurgites*, d'où Guerge, c'est-à-dire rivière des pêcheries. Lerre ou l'Erre, qui se jette dans la Sée à Genêts, c'est *liger* ou *l'oir*, et dans un cas comme dans l'autre, c'est simplement l'eau, ou la rivière ; nous dirons la même chose de l'Airou, affluent de la Sienne. Le Lait-bouilli, ou plutôt l'Ay-bouilli, c'est l'eau bouillonnante ou murmurante ; de là vient aussi le nom de Bouillant, près Avranches ; c'est le lieu où un ruisseau bouillonne (du latin *bullire*). Le Lait-Bouilli s'appelait aussi jadis le Cassel, ce qui ne paraît pas signifier le château, mais bien *caciæ-el*, l'eau de la chasse ou des chasseurs ; c'est un hybride, mais quoi qu'en dise M. Le Héricher, les hybrides sont très fréquents, et il est naturel que cela se soit fait ainsi dans le temps où les langues des différents peuples de la Neustrie se fondirent dans le roman, dont est sorti le français ; il dut y avoir entre ces différents peuples des emprunts mutuels de mots ; les Celtes, les Latins et les Francs ou Germains ont à peu près nommé tous les lieux de l'Avranchin. La langue des peuples du Nord y a laissé peu de traces.

La Sienne, latinisée *Senoná*, *Segona* et même *Sequana*, a la même origine que la Sélune ; c'est *seunna* ou *scona*, l'eau des eaux, ou la réunion des eaux. Un de ses affluents, qui prend sa source aux limites de l'Avranchin, dans la forêt de Saint-Sever, est la Beuvrogne, diminutif de Beuvron ; c'est le petit Beuvron, ou la petite rivière des loutres ou des bièvres.

L'Egrenne, qu'on devrait écrire la Grenne, et qui appartient au bassin de la Loire, tire son nom des lieux marécageux qu'elle traverse ; *grenne* signifie marécage. Le Colmont, qui appartient aussi au bassin de la Loire, est probablement pour le Holmont, de *holm-on*, eau du holme, et il est sans doute ainsi nommé parce qu'il prend sa source dans un *holme* ; le holme est une sorte de presqu'île dans un lieu marécageux. Il y a encore dans l'Avranchin quelques autres petits cours d'eau dont nous parlerons si l'occasion s'en trouve.

Indiquons brièvement les noms de lieux et les noms d'hommes qui les doivent à leur proximité des eaux et des rivières dont nous venons de parler.

La Sée, qui traverse Sourdeval et y donne le Pont-de-Sée, ne donne pas son nom à la commune ; elle le doit à la Sorde, petit affluent de la Sée ; c'est *Sordæ*, ou *Surdæ*, *vallis*, la vallée de la Sorde, ou de la rivière qui sort de sa source. C'est que l'église de Sourdeval est sur le penchant d'un vallon dont les eaux s'écoulent dans la Sorde. Elle nous parait donner son nom à Chérencey-le-Roussel. Chérencey en effet peut bien être *ker-ann-Sée*, littéralement *her*, le village, *ann*, de, *Sée*, la Sée. Chérencey-le-Héron n'est pas sur la Sée, mais il est situé entre le Bieu et plusieurs autres petits cours d'eau, et peut par conséquent s'appeler aussi le village des Sées, ou des eaux. C'est bien là l'étymologie de Cérences, situé sur la Sienne.

La Sée donne son nom aux villages appelés Surcée et Sourcée, villages sur la Sée, Vaudecée et Val-de-Sée (*vallis sagiæ*).

Appelée aussi *Eron*, *Avon*, *Ver* et même *Seonna*, comme la Sélune, elle donne ces différents noms au village d'Eron, en Sourdeval, au village de Servon, à Cuves (*ker-avon*), village de l'eau ou sur la rivière ; à la commune de Vernix, par l'intermédiaire de *vergn*, *vernetum*, bois de vergne, ou bois de l'eau, et enfin au village de Souenne, en Saint-Sénier. Souenne, au confluent de la Palorette et de la Sée, est bien nommé, la réunion des eaux, *Sée-onna*.

Donne-t-elle son nom aux Cellands ? faut-il voir dans ce mot *Sée-land*, la terre de la Sée ? Nous ne le croyons pas, car les Cellands touchent à peine à la Sée. — Nous préférons *kerland*, le village de la lande. — *Cervorum-landa*, la terre ou la lande des cerfs, nous paraîtrait même plus admissible que *Sée-land*. — Remarquons du reste que le nom le plus ancien que l'on trouve n'est pas Celland, mais Serlant. Nous ne pensons pas non plus que Brécey soit *bray-sée*, hauteur ou colline de la Sée, nous donnerons ailleurs une autre étymologie qui n'a aucun rapport avec celle-là.

Parmi les affluents de la Sée, la Dolaine donne son nom au

village de Dolaine, à Périers, et l'eau de cette rivière donne son nom à la commune de Lingeard, jadis aussi appelée Livehard. Nous retrouvons en effet ici le radical *live*, ou *ling*, que nous avons déjà signalé dans Vaulinges (*vallis-ling*), eau de la vallée, et le mot *hart*, qui signifie hauteur. Lingeard, *ling* ou *livehard*, est la hauteur ou la colline de l'eau de la Dolaine, qui partage Lingeard et Périers.

Le Glanon donne son nom au village de Glanon, à Cuves, et il y a eu dans cette commune une famille du nom de Glanon. — La Briselle a donné son nom aux Brisol, ou Brisoult, et à la Brisollière, en Brécey, nom qui peut venir également du passage de cette rivière, *Brio*, qui se trouve à peu de distance. Cette petite rivière traverse toute la paroisse de Saint-Laurent-de-Cuves, et les premiers Brisol (aujourd'hui Brisout) que l'on connaisse, sont mentionnés comme habitant cette paroisse; c'est un nom très ancien. Le Bieu a donné son nom au pont de Bieu, et aux Debieu, qui sont originaires des bords de cette rivière. — Quant à Baynet et de Besne, qui sont aussi originaires de cette contrée, ils tirent leur nom de la vallée de Bayne, où coule aussi un ruisseau, et qui nous parait se nommer ainsi de *benna*, pour *venna*, vivier, parce qu'il y avait un vivier dans cette vallée.

Le Limon donne son nom aux villages de Limon et Bas-Limon, à Tirepied. Le Riant (*rigans*), qui vient de Reffuveille et se jette dans la Sée aux Cresnays, donne son nom au Gué-de-Riant. La Palorette, qui divise la Godefroy et Saint-Brice de Saint-Sénier, tire son nom des petits marais (*palus*), qu'elle traverse, et le donne au moulin de Palorette. — Les eaux de la Broize et de la Broizelle, qui traversent ou plutôt longent Lolif et se réunissent dans la vallée où cette commune se termine, lui donnent le nom qu'elle porte *holl-ifs*, les eaux des vallées ou de la vallée; Lolif est comme une presqu'île entre ces deux rivières. On avait latinisé ce mot *olivum*, et on devrait en effet écrire L'Olif et non Lolif. On pourrait faire venir le nom de cette commune du nom d'homme, Olaf qui est scandinave, mais c'est peu probable; et si l'on considère comment les lieux étaient habituellement dénommés, la première étymologie est bien la plus vraisemblable. ~ Le Souliet a donné son nom à un village de Marcey — Le Vergon est une petite rivière de Vains qui signifie l'eau des vergnes ou des aunes. Le Lerre donne son nom au village de Lerre; c'est des eaux du Lerre appelé même peut-être primitivement *viron*, eau, que Mont-viron vient; c'est *mons-viroms*, le mont du viron ou de la rivière. Le Lerre, prend sa source à Champcervon, et M. Le Héricher donne pour étymologie de Champcervon *campus-ker-avon*, champ du village de l'eau. Cette étymologie est probablement la vraie, elle satisfait mieux que *campus-cervosus* ou *cervorum*, qui cependant n'est pas non plus sans quelque vraisemblance. Cette rivière sépare Champcey de Bacilly, et Champcey s'écrivait autrefois Champcel ou Champsel, qui par conséquent paraît signifier le champ ou les champs de l'eau ou de la rivière.

La Cance, affluent de la Sélune, contribue, avec la rivière de Rancoudray, à donner le nom de la paroisse de Bion. Bion, en effet, c'est *bi-on*, deux eaux; le territoire de cette commune, ou la terre entre deux eaux, est en effet limité par ces deux rivières. Ce mot est hybride, mais il n'est pas le seul, un très grand nombre le sont.

La Serouenne ou Argonce a donné son nom à Pied-d'Argent, village de Parigny; Pied-d'Argent est *podium-argon*, la colline de l'Argonce. — La Sélune a donné son nom à Sourcelune, pour Sur-Sélune, village situé sur cette rivière. Au-delà de Saint-Hilaire, appelée sans doute Ver ou Vire, qui, comme nous l'avons dit, est un terme général pour signifier rivière, elle a donné son nom à Virey, commune qu'elle entoure en partie, et à un village de Saint-Brice-de-Landelles, appelé le Verolay ou la Verolais (*ver-hollus*, la vallée de la rivière). La Nyze ou rivière des Noës, appelée aussi la Divrande pour la rivière d'Ivrande (*d'i-brand*, eau de bruyère) parce qu'elle traverse des bruyères, ou coule au pied des bruyères, sépare Virey des Biards et se jette dans la Sélune en formant avec elle un angle presque droit, en sorte qu'une partie des Biards se trouve enfermée entre ces deux rivières. M. Le Héricher, peu satisfait, et avec raison, de toutes les étymologies qu'on a données de ce nom des Biards, la cherche dans *bièvre*, supposant que la Sélune aurait pu porter ce nom; pour nous, nous croyons trouver l'étymologie dans un hybride, qui donne le mot tout à fait, *bi-ars*, deux eaux ou deux rivières. Nous connaissons encore la rivière d'Ars, affluent de l'Oust dans le Morbihan. D'ailleurs, il y a dans la commune d'Argouges un village nommé les Biards, qui se trouve également entre deux eaux. La commune des Biards est séparée de celle de Vezins par une autre petite rivière appelée Iselande, c'est-à-dire eau de la lande. La Sélune, après avoir coulé assez longtemps resserrée entre des coteaux assez abrupts, arrive à Ducey, où la vallée s'élargit et, quelquefois, en débordant, couvre de ses eaux les parties basses de cette commune, en sorte que pour faciliter l'écoulement, on a dû creuser des douves. M. Le Héricher donne pour étymologie de Ducey, *dun-sée*, le coteau de la Sée ; nous préférons *dogæ* ou *dœæ*, les douves, dont on a fait *Dœiacum, Duciacum, Duceyum*, Ducey. L'Oir affluent de la Sée, a donné son nom au Pont-d'Oir, au Vaudouer et au Val-d'Oir. — La Sélune passe au Pontaubauld, *Pons-Albœdi*. Aubault est un nom d'homme qui s'est conservé jusqu'à nos jours, et le nom d'Aubeult, Aubeut, qui en est une forme, est même assez commun aux environs d'Avranches. La Sélune passe ensuite sous Céaux. Que dire de Céaux, absurdement latinisé *Celsa ?* M. Le Héricher essaie d'en trouver l'origine dans le prieuré de Céaux, ou la cellule de sainte Marie-Madeleine, prieuré fondé en ce lieu par les moines de Saint-Florent-de-Saumur ; mais quand les moines de Saint-Florent fondèrent ce prieuré, le lieu s'appelait déjà Céax. Ce n'est donc pas là qu'il faut chercher ; et l'étymologie d'ailleurs nous parait bien évidente. Céaux ou Céax, c'est *sœ-aquæ*, les eaux de la rivière, ou le village sur les eaux de la rivière. Mais *sœ-aquæ* est encore un hybride. — La Sélune depuis son confluent avec l'Airon, qui a lieu au pont Saint-Yves près de Saint-Hilaire, a porté le nom d'Ardée, que les latins avaient donné à l'Airon, parce que l'Airon, à son confluent avec la Sélune, parait même plus fort qu'elle ; de là le bois d'Ardenne à Ducey ; c'est le bois de l'Ardée ; — mais pourquoi les latins avaient-ils appelé l'Airon Ardée, qui signifie héron ? c'est que le mot Airon avait à peu près la même consonnance que leur *herodio*, dont ils faisaient hero, et d'où est venu le mot français héron. — C'est ainsi qu'ils appellent l. . « :, *aura* et *aurea*, parce qu'or avait quelque rapport avec *aurum*. — Le Beuvron ne donne son nom qu'à Saint-James et à Saint-Sénier-de-Beuvron.

La Gaintre n'a pas toujours porté ce nom ; on l'a désignée par les noms généraux, *Awn* et *Ouine* ; elle a été appelée au moins dans une partie de son cours *Vergon*, ou rivière des Vergnes, et a donné son nom à Vergoncey qu'elle traverse. L'étymologie de Servon donnée par M. Le Héricher *(ker-avon)*, nous paraît être la vraie, et comme il le prétend encore, c'est bien cette *Ouine* qui a donné son nom à Huisnes, appelé, sans raison *Hymni*, dont il ne peut se tirer pas plus qu'il ne peut venir du Mont-itier. Du reste, il y a un affluent de l'Orne qui porte encore le nom de Huynes. Enfin Ardevon est bien *art-awn*, l'eau de l'eau ou la réunion des eaux ; et ce nom a été donné à ce lieu sans doute parce qu'à cette époque la Gaintre et le Couesnon qui ont souvent changé de cours se réunissaient en face d'Ardevon.

Le Couesnon passe à Pontorson, et Pontorson est, croyons-nous, un nom d'homme. Le nom d'*Ursus* et d'*Urso*, est plusieurs fois mentionné ; c'était un nom assez commun à l'époque gallo-romaine. Cependant, nous avons dit qu'*our*, eau, avait donné *ursus* et *ursa* ; il est donc possible encore que Pontorson signifie le pont de l'eau ou de l'*urce*. La Dierge ou Guerge, affluent du Couesnon, donne son nom au village de Dierge, à la commune d'Argouges, *(ar-gord* ou *ar-guerge)*, eau de la Guerge, gords de la rivière, ou sur la Guerge ; car *ar* qui signifie eau, rivière, paraît être aussi la préposition celtique qui signifie sur. On peut donc interpréter ce mot de différentes manières. Mais c'est toujours de Guerge qu'il vient. La Guerge donne aussi son nom à la Ville-Berge, ainsi écrit pour Ville-Dierge.

La Grenne passe au Pont-d'Egrenne et lui donne son nom, sépare la Manche de l'Orne en faisant la limite de Ger ; elle y reçoit la Sonce, *se-on*, l'eau de la rivière, ou peut-être la petite eau, *once* pouvant être un diminutif comme *ogne*. C'est l'Egrenne, ou plutôt la Grenne, sous le nom de Ger, qui donne son nom à la commune de Ger. En effet, sur la rive opposée à Ger, nous remarquons, dans l'Orne, la Gerboudière *(ger-bod,* habitation du Ger, et le Gerrier, ou la terre du Ger. En outre, Ger est appelé dans d'anciens titres Motager, et même Motauger. C'est évidemment le nom de l'ancien château, la *Motte-à-Ger*, ou la *Motte-au-Ger*, c'est-à-dire la motte près du Ger, ou du cours d'eau. Conclure de là que c'est la rivière qui donne son nom à la commune, ce n'est donc pas une conclusion forcée, mais bien naturelle. — On appelle les habitants du Ger les Gericots, ou les Géricotiers — là le nom propre de Géricault, que l'on rencontre à Saint-Cyr-du-Bailleul, et dans quelques paroisses voisines. — De la Grenne vient le nom propre Degrenne, comme celui de Veron, commun à Ger, vient de *ver*, rivière.

Voilà les étymologies que nous avons trouvées en parcourant les principaux cours d'eau de l'Avranchin ; mais il y a une multitude d'autres petits cours d'eau que nous ne pouvons suivre, et qui ont donné leur nom à beaucoup de villages. Il y a d'ailleurs sur les rivières quelles qu'elles soient, des noms de villages qui sont les mêmes partout, parce qu'ils se tirent du mot qui signifie cours d'eau. Ainsi un certain nombre de villages de l'Avranchin se nomment la Dorée, ou la Dorais ; il y a même dans le bord de la Mayenne, la commune de la Dorée, où l'Airon prend sa source. Tous les villages de ce nom que nous avons pu connaître sont situés sur de petits cours d'eau. C'est le village de l'*or* traduit par *aurea*, dont on a fait la Dorée ; c'est simplement la rivière ou le ruisseau. Il y a des villages appelés la Delaire ou la Delerre, mauvaise orthographe pour Adelaire, ou Adelerre ; c'est évidemment *ad terram* près ou sur *terre*, le village près ou sur l'eau ; sur l'*or* ou sur l'*aire* signifie sur l'eau. Il y a beaucoup de villages nommés la Lorière, Loriette, l'Orière, l'Oraire, la Dorière ou simplement Dorières, et Lorient. Tous ces noms évidemment viennent de *or*, eau, et signifient villages sur l'eau, sur un ruisseau ou sur une rivière. Il en est de même de Surlay.

Et en effet tout ce que nous connaissons de villages portant ces noms sont sur des cours d'eau. La Lorière, à Cuves, est sur le Glanon, Loriette, à Saint-Laurent-de-Cuves, est sur un petit affluent de la Brizelle, etc. La Lorinière peut venir directement de Lorin, mais Lorin lui-même signifie qui habite près d'un cours d'eau ; il en est de même de Lorier et peut-être de Lorent, ou Laurent ; Lorent peut-être cependant un nom de baptême devenu patronymique. La Lorencière, à Saint-Laurent-de-Cuves, est un village situé sur un cours d'eau. D'*or* ou eau, *oir* et *air*, qui signifient la même chose, viennent les noms propres la Dorée, le Doré, Doré, Dorière, Orieux, Lorieux, Lair, Loir, Lelair, Lelerre. A la Gohannière, sur le ruisseau qui descend du Châtelier et sépare cette paroisse de celle de Vernix, il y a trois noms de localités successives propres à embarrasser les cher-

cheurs d'étymologies, c'est Orbiche, Orceil et la prairie de
l'Orange. Deux de ces mots sont encore des hybrides. Orbiche,
croyons-nous, est *or-becium*, le bieu ou le cours de l'eau ou du
ruisseau, et *becium* pourrait bien être pris ici dans le sens de
biez, parce que c'est au-dessous d'Orbiche que l'on commence à
détourner l'eau pour faire marcher le moulin d'Orceil. Orceil,
pour nous du moins, c'est *or-sedile*, l'habitation du ruisseau ; et
l'Orange, qui est une prairie, c'est *or-augia*, la prairie de *l'or*,
qui la parcourt dans toute sa longueur. M. Le Héricher, qui ne
s'est pas occupé d'Orbiche, a vu dans Orceil *œl* ou *ussel*, le
passage, le lieu par lequel on passait pour aller du camp du
Châtelier à la ville d'Avranches ; mais malheureusement le chemin du Châtelier à la ville ne passait point par Orceil ; il sui-
vait presque la crête de la colline, et il est encore très facile à
suivre ; c'est le chemin qu'on appelle chemin de *quarante sous* ;
et nous trouvons, sur ce chemin, bien loin d'Orceil, toujours
cependant dans la même commune, un autre nom de village
pour lequel l'étymologie de M. Le Héricher nous paraît très
satisfaisante ; c'est Bourg-d'Oissel, ou d'Oisel ; ici, c'est bien en
effet un bourg ou village sur le passage ou sur la voie. C'est
même un des rares lieux de l'Avranchin où nous ayons remarqué l'emploi de ce mot.

Les villages nommés Durie, Durière, Durerie, Duretière,
Duretetière, Douairie sont également des villages situés sur un
cours d'eau, *dour*. — Nous dirons la même chose de l'Ourie,
et d'Orval, (*or-vallis* et non *aurea-vallis*, la vallée de l'eau et non
la vallée d'or). Lairie, pour L'Airie, de *air*, offre encore le même
sens. L'Airie, à Cuves, est sur le Glanon ; il y a la mare Dorée
et la mare Jurée, ces deux mots ont le même sens — la mare
Dorée est la mare d'*or*, de l'eau, ou du ruisseau — la mare
Jurée est la *mare-d'our*, prononcé *diour*, *djour*, *djourée*, Jurée. —
Les Eves et les Evées signifient les eaux. Souslève est le nom
d'un village situé sur un affluent de la Briselle ; Longuèves, signifie Longues-eaux. Dans la dénomination des cours d'eau, les
mots latins jouent un rôle bien inférieur à celui des mots celtiques ; cependant, ils ont aussi laissé quelques traces. *Illices*,
ruisseaux, donne le sens du mot Illiers ; *gula*, *gulta*, et même
Juta, mots de basse latinité qui signifient ruisseaux d'égout,
c'est-à-dire ruisseaux formés par les eaux pluviales et qui se

dessèchent quand la pluie cesse, ou bien ruisseaux qui provient nent de sources intermittentes, ont donné le nom aux villages appelés la Gote, la Goutière, la Goutelle et Jutigny ; de là vient aussi le nom propre Lagoutte.

Rigus, ruisseau, rigole a donné Rigny. Un mot grec, importé sans doute par les latins, *neros*, petit cours d'eau ou source, a donné le nom au village de Nérée, au bois de Néron, à Champeaux, bois détruit, dont le nom s'est maintenu dans le Trait-de Neiron et la Croix de Neiron. De ce bois sortait le Crapeult ou Crapoult, *Crapaldus*, le ruisseau des crapauds, qui traversait le bois de ce nom. — *Nero* se retrouve encore dans Nerfault, *neronis-fald*, le village de l'eau. — De *surgere*, sourdre, jaillir, sont venus les noms de la Sorde, du village des Surdants, à Tirepied, et ceux des villages appelés la Sourdière et la Source. Ce sont des lieux où il y avait des sources. *Bron* ou *bonn*, mot celtique qui signifie fontaine, a donné probablement Prunneray et la Pruneraie. Nous doutons en effet que le prunier ait été cultivé assez en grand pour donner son nom à ces villages.

La Brunière vient peut-être directement de Lebrun, mais Lebrun paraît venir lui-même de *bronn* et signifie Lafontaine.

Fons et ses dérivés sont prodigués dans les noms de villages. Il y a la Fontaine, les Fontaines, la Fontenelle, les Fontettes, les Fontenettes, Belle-Fontaine, nom d'une commune et de plusieurs villages, Bonne-Fontaine, Claire-Fontaine, les Mortes-Fontaines, c'est-à-dire des fontaines qui ont cessé de couler, ou qui sont intermittentes.

Epalulæ, mot de basse latinité, semble aussi désigner des eaux de sources, et a donné son nom aux villages appelés les Epaules et les Epelangères *(epalulæ angeri* pour *arungeri*, les eaux de l'écuyer); dans tous les villages portant ces noms il y a des sources.

Doca ou *doga* douve, qui a donné Ducey, a donné aussi Dougeru, la Ducherie, la Duchetière et probablement la Duquerie, bien que ce dernier nom vienne peut-être de le Duc. Mais Le Duc lui-même vient de *doca ;* c'est l'homme de la douve ou des douves.

Ductus a donné le Douet, les Douets, les Duits, les Duets, la Douetée, Grand-Doye, Blandoué *(blandæ ductus*, douet de la lande), Maudoué, *malus ductus*, mauvais douet et probablement la Mauditière pour la Maudouitière.

Vivarium, réservoir, a donné le Vivier, les Viviers.

Mare a donné la Mare, la Marelle, la Marette, la Moire, les Moires, les Moirettes.

Diva, fontaine sacrée, ne paraît avoir nommé que la Divère.

Stagnum a donné l'Etang — *flacessere*, d'où le bas latin *flaco, flaceum*, et le français flaque, a donné le Flachet, le Flaget, le Fléchet ; ce sont des lieux où les eaux pluviales forment des flaques qui se dessèchent plus ou moins promptement.

De là il est facile d'expliquer le sens des noms propres Fontaine, la Fontaine, de Fontaine, de Fontenay, de Belle-Fontaine, Desdouets, Desduits, Desdouitils, Mauduit, Maudouet, Maudet, la Mare, Desmares, Marette, Desmarettes, la Marelle, Letang, Vivier, le Vivier, Flaget, Fléchet, Fléchier.

Le celtique *well*, eau stagnante, entre dans Longues-veilles (longs marais), dans Thesvelles (*thæod-well*, deux marais, ou *tot-well*, maison du marais), et dans le nom de plusieurs villages appelés la Vieuville, — ce nom peut venir de *vetus-villa*, ancien village, mais il est plus probable qu'il vient de *well-villa*, village du marais ou de l'eau stagnante. Nous connaissons plusieurs villages ainsi nommés et à qui cette dernière étymologie convient parfaitement.

II

Découpures de la côte — Iles — Embouchures et confluents des rivières — Passages dans ou sur les rivières — Marais et terres marécageuses.

Aber, dans la langue des Celtes, signifiait havre ou baie, et de là est venu le mot havre ; *Inch* signifiait ile, et ce mot était appliqué non-seulement aux iles, mais souvent aux presqu'iles ou pointes du littoral avancées dans la mer. — *Gen* signifiait

bouche, la bouche ou l'embouchure d'une rivière. — Or toutes
les rivières de l'Avranchin, c'est-à-dire du territoire compris entre
le Couesnon inférieur et le Thar, déversaient leurs eaux dans la
baie qu'on appelle maintenant baie du Mont Saint-Michel; et
Avranches est situé sur une sorte de promontoire qui s'avance
dans cette baie entre la Sée et la Sélune. Il n'y a plus aujour-
d'hui dans la baie que deux ilots, le Mont Saint-Michel et
Tombelaine, à moins qu'on ne veuille considérer comme en
faisant encore partie les ilots des Minquiers et de Chausey. Le
Mont-Tombe, aujourd'hui Mont Saint-Michel, fut ainsi appelé à
cause de sa forme qui rappelle celle d'un tombeau, et Tombelaine en est simplement un diminutif, c'est la petite tombe. Le
tombeau d'Hélène qu'on veut y placer pour expliquer le nom
est une pure invention. Il y a d'ailleurs plusieurs Tombelaines; où
ne furent point enterrées non plus des Hélènes. Mais à l'époque
de la conquête romaine, la baie n'était pas comme aujourd'hui.
Les grèves étaient alors comme une vaste plaine couverte de
prairies et de bois, et les rivières qui la traversent, dont le cours
variait déjà peut-être, formaient en s'unissant et se séparant à
plusieurs reprises un grand nombre d'iles simplement séparées
par des canaux naturels, plus ou moins larges; on pouvait donc
bien lui donner le nom d'*abr-inch*, les iles de la baie, ou la baie
des iles; et c'est de là que s'est formé le mot Avranches. A cette époque toutefois, la ville ne portait pas ce
nom, elle s'appelait ou s'appela un peu plus tard *Ingena Abrin-
catum*, *Ingena* des Abrincates. Abrincates était le nom des
habitants du pays dont Ingena était ou fut la ville principale, ou
mieux, d'abord, la ville unique. Il nous reste donc à chercher
ce que veut dire *abrincates*. Or, nous avons déjà le sens de *Abr-
inch*, le hâvre ou la baie des iles, et *call*, en celtique, signifie
chasseurs. Les *Abr-inch-call* sont donc les chasseurs de la baie
des iles. Telle est l'étymologie aujourd'hui reçue, et la seule
qui paraisse admissible. Mais il faut rester dans le positif, et
prendre le mot dans son acception naturelle; les Abrincates
n'étaient pas des guerriers comme l'insinue M. Le Héricher qui
a toujours une prédilection marquée pour les héros et les faits
d'armes; c'étaient des chasseurs de gibier, des hommes qui vi-
vaient de chasse et de pêche, et dans la suite nous aurons lieu
de constater qu'ils étaient bien nommés.

Gen, avons nous lit, signifie bouche embouchure d'une rivière. Nous trouvons ce mot dans Genêts, latinisé *Genitium*. Nous croyons que le nom primitif était *Gen-ay*, l'embouchure de l'eau ou de la rivière, Genêts est en effet sur l'embouchure du Lerre ou sur son confluent avec la Sée. — Ce nom se trouve dans Argennes, village du Val-Saint-Père. C'est la préposition *ar*, sur, et *gen*, bouche ; *argen*, signifie sur l'embouchure — Ce village est au confluent du Lait-Bouilli ou l'Ay-Bouilli avec la Sélune. Enfin nous le trouvons dans *Ingena*, l'ancien nom de la ville. — Ne serait-ce point *inch-gen*, l'île ou plutôt la presqu'île de l'embouchure ou des embouchures. — Avranches forme une pointe ou presqu'île entre la Sée et la Sélune. Nous n'osons cependant rien affirmer. La préposition latine *in* et *gen*, entre les embouchures, nous parait plus satisfaisante. *Bec* était employé par les Celtes pour signifier bec d'oiseau comme nous l'employons aujourd'hui ; la ressemblance des pointes de terre qui s'avancent dans la mer avec un bec d'oiseau leur fit sans doute employer ce mot pour désigner ces pointes. Nous avons le Bé-d'Andenne, à Genêts, *Bec-ann-dun*, bec ou pointe de la hauteur ou du monticule. — *Grée*, colline rocheuse, a pu donner son nom au Groin-du-Sud.

Condé signifie confluent, et c'est de ce mot que tous les lieux appelés Condé tirent leur origine, mais nous n'avons pas rencontré ce mot dans l'Avranchin.

Pour désigner un passage dans une rivière les Celtes avaient le mot *brig*, gué, dont les latins on fait *briga*, *briva*, *brevio*, *brio*, *brevina*, *brechium*, et *brachium*. — Pour les latins c'était *vadum* dont est venu le français gué. Ces deux mots, avec leur dérivés, sont entrés dans la composition de beaucoup d'autres pour désigner des lieux situés près de gués ou passages dans l'eau, et plus tard les latins ont ajouté *pons*, pont, pour signifier des passages sur l'eau. Le bourg de Ponts tire son nom des deux ponts qui y furent construits, et le Pont-Gilbert, de ce que le seigneur Gilbert se noya dans le gué que l'on traversait avant que le pont fût construit. Poncey, le Poncet, le Ponchet, le Poncel, le Ponton, sont des diminutifs de pont ; de là sont venus les noms propres Dupont, Pontas, Ponthault, Poncel, du Ponchel.

Brig, par *brivina*, a donné son nom aux Brévinières, qui sont des villages sur des petits cours d'eau, près de petits gués ; les villages appelés Brisolière, Brisolaie, étant situés sur des cours d'eau, tirent aussi leur nom de *brig*; c'est *brig ou brio-solare*, l'habitation ou la ferme du gué.

Vadum a donné son nom à tous les gués, Guéperroux, vadum petrosum, parce qu'il était empierré, gué-Poulain, gué-Benoît, gué-Safray, etc., qui sont des noms d'hommes ; gué aux chats, gué aux râles, qui indiquent des gués dans de petits cours d'eau. Le mot *vadum* entre dans la composition de Vains et de Vezins, noms de communes qui signifient hameau ou les hameaux du gué ou des gués. — Vains s'écrivait autrefois Veim, pour *Ve-hem* ou *Vehein*, hameau du gué, et de *Vehem*, par contraction, on a fait *Vaim* et Vains. Il y avait probablement un gué dans la Sée, en face de Vains, et il y en avait suffisamment dans la petite rivière qui arrose cette paroisse pour lui faire donner le nom de hameau des gués. — Vezins a la même origine, et sa situation sur la Sélune suffit bien pour l'expliquer ; c'est aussi *vé* ou *ves-hem* ou *ham*, le hameau des gués, dont on a fait *Veshem*, Vezins. — la Voismière est un village de Reffuveille situé sur un petit gué, *vadicinum*, c'est probablement aussi le village du petit gué ; sans doute on peut supposer que ce nom vient du nom propre Voisin, mais d'où vient Voisin ? *Vicinus* dont on le ferait venir signifie qui habite auprès de quelqu'un. — Mais comment voisin entendu dans ce sens aurait-il pu devenir un nom propre ? Nous croyons que le nom propre Voisin vient plutôt de *vadicinus*, habitant près d'un gué, et a le même sens que Dugué ; de gué viennent aussi les noms propres Guépoullain, Duguéperroux, etc., Legué, le Guédois, et peut-être Guesdon. — Il y a à Boisyvon la Guédoitière, c'est le gué des douets, ou du ruisseau qui sort des douets, à moins qu'on n'y voie le nom propre le Guédois, qui vient lui-même de gué.

Gradus, passage dans l'eau ou gué, a donné Crues et Crux, village de Tirepied où se trouvait un ancien château destiné à défendre un gué de la Sée ; on en a fait aussi *gras*, *grat*, *gré*, et sous ces formes il donne le nom à plusieurs villages, la Grasserie au Grand-Celland, non loin d'un petit cours d'eau, la Grassinière à Saint-Pois, près du gué qui a été remplacé par le pont Saint-Jacques, la Gratmondière *gradus-mons*, colline du gué sur une rivière, la Grémondière également à peu de distance d'un cours d'eau, la Grassonnière, etc., de là les noms propres Grassin, Grasson, Grasset.

Nov est un mot celtique qui signifie sol mouillé, et dont on a fait *noë, neu, nou, no* ; le nom de *noës* s'est encore conservé surtout dans une partie de la Bretagne pour désigner des terrains plus ou moins tourbeux, d'où sortent des sources, ou qui sont traversés par de petits ruisseaux, de telle sorte que l'herbe y pousse toujours même en hiver. M. Le Héricher tire avec raison de *nov* le nom de la commune de Navetel, c'est bien *nov-t-el*, l'eau ou le ruisseau des *nov*, qui passe à peu de distance de l'église, ruisseau, qui devient la Nyse, rivière des *noes*.

De *noe* viennent les noms des villages appelés Noyant, Noyers, les Noues, les Noës, les Nouettes, les Noëlles, les Nêles, la Noulière, la Nourie, Neuilly, la Nouillère, la Nolais, la Nolière, la Noverie, la Noguerie — les noyers ne sont pour rien dans les noms de ces lieux. — Neuville est le village des *noës*, la Binolais est le village des deux *noës* ou marais.

Les noës étant en général des marécages peu étendus et les habitations étant situées non dans la noe, mais sur une hauteur aux environs, ces villages ne semblent pas toujours justifier le nom qu'ils portent. Cependant si on veut y faire attention, on verra presque toujours facilement en considérant les terrains voisins, qu'ils le méritent ou l'ont autrefois mérité ; car on a souvent transformé les noës en prés ; il y a souvent d'ailleurs des noës sur le penchant des coteaux, même à une assez grande hauteur, aussi bien qu'il y en a dans les bas fonds — De *noe* viennent les noms de Lanos, Lanoe, Lanoue, Delanoue, Nové, Noël, Navet.

Pour désigner les marais de plus grande étendue, les terrains plats et souvent inondés, les Celtes avaient le mot *crenna*, ou *cro*. A ce mot nous rattacherons la Crenne à Aucey, la rivière de Grenne qui donne son nom au pont de d'Egrenne, et Cresnay, nom de commune, dont la partie basse est quelquefois inondée par la Sée, et dont l'église est voisine de la Sée. — Crollon est *cro-land*, la terre du marais ; c'est la même étymologie que *Croyland*. Grenneville, Granville et Grainville viennent aussi de *Crenna*, marécage, c'est *Crennæ-Villa*, le village du marais. Avant la fondation de la ville de Granville, la partie basse était un marais, et c'est autour de ce marais que se trouvaient les habitations, le Roc n'était guère habité ; *Grandis-Villa* est une interpellation qui n'a aucune raison d'être.

Cormeray nous paraît être pour Cromeray, *cromariscus*, et signifier aussi terre de marais. Les latins ont apporté *palus*, marais, dont le nom s'est conservé dans Noirpalu, (*nigra-palus*), noir marais ; il est appelé noir parce que le fond tourbeux des ruisseaux est noir et donne à l'eau un aspect noir. Le *noir palu* qui donne son nom à la commune est aujourd'hui bien diminué. Il en reste encore une portion non loin de l'église de Bourguenolles. C'est dans le midi du département, une des rares stations du Miricagale, plante de marais. Le mot *palu* est encore resté dans le langage populaire de l'Avranchin ; nous avons souvent entendu des mères dire aux enfants qui ne prenaient pas assez de précautions pour verser de l'eau d'un vase dans un autre : prends garde de faire un *palu* dans la maison ; ou bien encore : quel *palu* tu as fait là !

Les Francs ou Germains ont apporté *marsch*, dont les latins ont fait *mariscus*, marais. De *marsch* viennent les noms de Marcey et Macey, aussi bien que le nom du village de Marcey ; dans tous ces lieux se trouvent des marécages. — Marcilly nous paraît avoir la même origine ; c'est simplement un diminutif de Marcey, qui signifie de petits marais ; de *marsch* viennent aussi soit directement, soit par *mariscus*, les noms des villages appelés la Marche, la Maraîcherie, le Marais, la Marcellière, la Marière, la Mariais, et Margotin, par l'intermédiaire de *mariscotus*, petit marais. — De là viennent les noms propres Marcellière, Marais, Maret, du Marais, des Marais, Le Marié, Marin, Mary, de Mary, la Marche et peut-être Lemarchand.

Les Germains ont apporté *pool*, marais, qui est resté dans Poilley, commune et village, *terre de marais* ; dans la Pollière, la Pollerie, le Poulet, qui cependant peut venir aussi de *padulus*, petit marais, et dans Plomb, qui paraît bien être, comme le dit M. Le Héricher, la terre du marais *pool-lond*, ce qui s'applique également au village de Plomb, à la Croix-Avranchin. *Pool* est également resté dans les noms des villages appelés la Poulonnière, la Poulinaie, la Poulinière, et a donné les noms propres Poulain et Poulard.

Le mot *raus*, marais, comme le *nou* des celtes, d'importation germanique, est resté dans beaucoup de noms de lieux et d'hommes ; les latins en ont fait *rascia*, *raschia*, *roseium*, *roseum*, *rosarium*, *rachinéum*, etc., et c'est de là aussi qu'est venu le vieux mot *raque*.

Ronthon, nom de commune et de village, vient de *raus-tun*
hauteur ou colline du marais. Ronthon s'écrivait autrefois
Rauston ; la paroisse de Ronthon figure sous ce nom dans les
Chartes du Mont Saint-Michel, et les hagiographes qui ne con-
naissaient pas le pays ont placé ce Rauston en Angleterre. De *raus*
et de ses dérivés viennent les noms des villages appelés le Rosay,
le Rosey, le Rozel, le Rosier, la Rosière, la Rosillère, le Rauthenay,
la Rausonnière, la Raque, Raquous, la Ragnitière, et les noms
d'hommes la Rose, le Rosier, des Rosiers, Roisille, Rose, Rosse,
Racine, Rachine, Rachinel, Ragnet, Raguenel, et peut-être
Roiesnel, Roussel, Le Roussel et Roussin. — Ces derniers cependant peuvent avoir une autre origine.

Mossa ou *mussa* est encore un mot de basse latinité dont nous
ne connaissons pas l'origine, signifiant quelquefois pièce d'eau,
étang, mais plus souvent un lieu marécageux ; de ce mot sont
venus les noms de villages la Mousse, la Moussaie, la Mous-
sardière, la Mosselinière, la Mussangère (*mussa-angeri* pour
arungeri), Mouessey, le Trémusset (*tres-mossæ*, ou *trajectum-
mossæ*). Ce mot entre encore dans la composition de Moutons,
jadis écrit Mostons ou Mostun. Là se trouvait un prieuré de
Bénédictines qu'Eudes Rigault visita et qu'il appelle, mais bien
à tort, *prioratum de Ariete*, ce que Richard Seguin, à son tour, a
traduit par prieuré de la Bellière, prieuré qui n'exista jamais.
C'est *mossæ* ou *mos-tun*, le côteau du marais. De *mossa* viennent les noms propres Mousset, Moissé, Moissy, la Musse, Le-
moussu. Dans les terres trop humides et cependant fertiles, on
faisait des rigoles profondes, pour faciliter l'écoulement des eaux,
et, en basse latinité, ces rigoles s'appelaient *vadiscapia*. De là
nous paraît venir le nom de Vessey, lieu dont la terre est fertile mais trop mouillée, et dont les eaux sortent difficilement.
De *vadiscapium* on a fait facilement *vescapium*, *vescayum*
vessiacum, *vesseyum* et enfin Vessey.

Le mot latin *madidus*, humide, en basse latinité *mardellus*, *mar-
denus*, explique les noms des villages appelés la Mardelle, la
Mardène, la Madelinière et peut-être aussi la Margelle et la
Marzelle, quoi qu'on puisse faire venir ces deux derniers mots de
margo, qui désigne la pierre qui fait le bord d'une fontaine, mais auquel on a donné le même sens qu'à la fontaine
elle-même. En langage populaire on dit souvent en effet une

marzelle pour une fontaine. De là vient le nom propre Lemar-
deley, et celui de Madeline. Enfin il y a deux mots, l'un que
nous croyons celtique, et l'autre latin, qui en se fondant ensemble
ont encore donné le nom à bien des lieux. Le mot que nous
croyons celtique est *hĕ*, qui s'est conservé dans le langage populaire ; car dans le peuple on dit encore la *hĕ* pour la boue.
C'est une onomatopée très expressive imitant parfaitement
le bruit que fait le pied d'un homme quand il l'appuie sur un
terrain trop saturé d'eau. Cela fait *hŏ* ; et notre mot français
bouillonner vient bien plutôt de *hĕ* que du latin *bullire* ; ce
dernier mot ne donne que bouillir. — Bouillonner se dit non-
seulement de la terre saturée d'eau, mais encore des rivières ou
ruisseaux dont les eaux en tombant sur des pierres ou en se
heurtant contre leurs rives font entendre le même bruit, *hŏo*,
mais plus prolongé. Le nom de Bouillant, près Avranches, vient
de son ruisseau qui bouillonne. — Le Lait-Bouilli, ou plutôt l'Ay
bouilli, est l'eau qui bouillonne ou qui a bouillonné avant d'arriver près de son embouchure. Saint-Martin-le-Bouillant fut ainsi
nommé, non parce qu'on célébrait sa fête en été, ce qui n'a jamais
eu lieu, mais parce que, jusqu'au dernier siècle, l'ancienne église
était à l'extrémité de la paroisse sur la rivière de Bieu, qui ayant
là un cours rapide, bouillonne beaucoup. — Bouillon est ainsi
nommé à cause des terrains marécageux voisins de la mare.
Bouillé, au Val-Saint-Père, est un lieu très boueux. — La Boulouze, jadis la Boolose, puis la Boillouse et la Bouillouse, tire bien
son nom de *bĕ*. — Il y a un grand nombre de villages appelés
le Bouillon, les Bouillons, la Bouillonne, la Bouillonnière, la
Bouillardière, qui tirent aussi leur nom de *bĕ*. Nous dirons la
même chose des suivants, qui se rapprochent davantage du latin
bullire, la Boullerie, la Bulonnière (on écrit aujourd'hui la
Billonnière, la Bullière). Boyère et le Boyeux viennent de *hĕ*.
Le Buat, nom de commune et de villages, jadis le Buar, pourrait
bien être aussi *buxius*, le boueux ; aux environs de l'église et du
presbytère, la terre est bien humide. — Nous ne connaissons pas
assez Buais pour en juger. — Mais le vieux Buais, ce nous semble,
était bien comme le Buat. Malgré le nom latin *buxeium* qu'on
a donné à Boucey, nous croyons peu à l'existence d'un bois dans
ces prairies, et nous préférons *buxeium*, le lieu bouillonnant,
car c'est bien un bouillon, et Boucéel est *buxeium-el*, le bouillon

près de l'eau, ou l'eau du bouillon. S'il fallait renoncer à *boc-ceium*, nous admettrions plutôt *bucetum*, pacage à bœufs, que *bocceium*. De là sont venus les noms propres Bouillon, Bouil-lant, Bouillet. Il y a des terrains qui sans être des bouillons ont avec eux quelqu'affinité, et sont aussi bien souvent bouillonnants. De ce nombre sont en première ligne les lieux fréquentés par les grenouilles. Les raines (*rana*) ont donné leur nom aux Rai-nières, Renières, Raineries, Renaiseries, Renonnières. Il y a une commune dans la Mayenne qui s'appelle Renne-en-Grenouilles; et à Buais un village nommé Guénouille. -- Les râles qui ai-ment aussi les lieux humides ont donné la Rallais.

Il y a des terrains boueux, auxquels les Celtes donnaient le nom *braia*, ou *brahe*; de là Brée à Tanys, jadis Brahe; de là aussi Brémesnil, à Plomb (*braie-mesnillum*, qui mérite le nom qu'il porte, et Bremanier (*braie-manerium*), à Saint-Brice-de-Landelles. Le latin *fimus*, boue, a donné le Fumeras, les Fume-riaux, le Val-Fumé ou Val-Boueux, et Fumichon, à Ponts, au-jourd'hui appelé Funesson, et qu'on trouve dans les chartes du Mont Saint-Michel, bien autrement défiguré en Folmuchunz. Il a toujours été de bon ton, paraît-il, pour les gens de lettres, de ne pas se conformer au langage du peuple.

L'argille (*argilla*), en patois normand *ardille*, a donné son nom aux villages appelés les Ardillers, l'Ardillet, l'Ardiller, l'Ardilly ou Lardilly, l'Ardilloux, peut-être moins à cause de la nature du terrain, que parce que les premières constructions ont été des enduits d'argille. De là vient aussi le nom d'An-dillou donné à un village de Ponts, et celui d'Andouillères que portent deux villages de Saint-Michel-de-Montjoie. Car dans le patois normand on dit encore *andouiller*, pour enduire d'argile; une maison en *andouillage*, c'est une maison en bois, recouverte d'un enduit d'argile.

Le mot celtique *more*, lande, désigne souvent un lieu maré-cageux, et de là, croyons-nous, viennent les noms de Morterie, la Murdrais, quoique ce dernier nom surtout puisse rappeler le lieu d'un meurtre, en basse latinité *murdrum*.

Le nom propre Pilevesse vient de *pilæ-weiss*, marais de l'au-berge, ou auberge du marais.

Ce qui embarrasse le plus pour trouver les véritables étymo-logies, c'est que l'on ne connaît pas, ou que l'on ne connaît que très imparfaitement les lieux désignés par les noms dont on cherche le sens. De plus, on n'a que le radical des mots anciens, et bien qu'on ait pu en découvrir le sens par l'usage qui en est fait, on n'en connaît ni la précision ni toute la portée. Une troisième cause de difficultés vient encore se joindre à celle-là ; c'est que beaucoup de mots avec le temps ont changé de sens, ne signifient plus à une époque ce qu'ils signifiaient dans une autre, ou bien en acquièrent de tout nouveaux, comme le mot latin *rota*, roue, qui finit par signifier une route, et le mot de basse latinité *ballivius* qui d'abord signifie un magistrat et finit par signifier un fermier ; ajoutez que *bailly* lui-même vient de *bail*, qui signifiait une colline. Enfin il est certain que par suite des aménagements, défrichements et culture des terres, il y a beaucoup de villages qui ne justifient plus aujourd'hui le nom qu'ils portent.

III

Monts, collines, vallées — pierres, roches, sol rocheux, pierreux et sablonneux — landes qui ont donné leur nom à des villages et à des hommes.

Brl, mene, tor ou *tur*, dans le langage des Celtes, signifiaient mont. *Puig* signifiait la même chose, et ordinairement un mont arrondi. *Dun* ou *tun* signifiaient plutôt coteaux, collines, monticules ; de là le mot dunes, pour signifier les monticules de sables amassés sur les rivages de la mer. Il serait d'ailleurs bien difficile de préciser le sens de ces mots, qui s'emploient comme les noms latins *mons* et *collis*, comme les mots français montagne, mont, colline, butte, pour désigner des élévations de terrains plus ou moins considérables. Il y a des monts peu élevés, des buttes qui le sont beaucoup plus, des collines très élevées, et des montagnes assez basses, quoique montagne semble indi-

quer une plus grande élévation que colline. — Les latins impor-
tèrent *mons, monticulus,* et en basse latinité *monticellus, moncellus,
montellus, mondarius; collis,* colline, *costa* qui prit le sens d'une
colline, côte. De *bré* ou *bray* et de *thur* sont venus un certain
nombre de noms de lieux sinon dans l'Avranchin au moins dans
les environs; ces deux mots *bray* et *thur,* surtout le premier,
sont rarement employés seuls, mais entrent dans les composition de beaucoup de noms. Les latins en y joignant leur mot
mons, en firent Mont-Bray, Mont-Torin, Mont-Manet, Mont-Bré,
Mons-Tor, Mons-Mesné, ce qui signifie littéralement mont du
mont, ou mont-mont. — Thur ou tor s'est conservé
dans les villages appelés le Tour, la Touraille, la Tourelle, le Tord,
la Turlais, le Trochamp, la Thourie, la Turlière, la Torallais,
(*tori-hallus,* la maison de la colline), la Tourablère, (*tori-bladeria,*
la *blaierie,* ou lieu où l'on fait du blé, de la colline), la *turme-
lière* (*tori-malaria,* la pommeraie de la colline), d'où le nom
propre Turmel, la Turpinière (*tori-pina,* l'auberge de la colline),
d'où le nom propre Turpin; la Touroullière qui vient sans doute
directement de Touroul; mais le nom propre de Touroul vient
lui-même de *Tor.* Thouroude et Thourou ne sont que des
variantes de Thouroul. — Tourouillère peut même venir directement de *tor-hollus,* vallée de la colline; cela dépend de la
situation du village. — Turigny, la Turmière, noms de villages,
viennent aussi bien évidemment de *tor* ou *tur;* ce sont des
villages sur des coteaux. *Tun* ou *dun* s'est conservé dans Digny,
village de Marcilly, *Dunciun,* peut-être *dun-ey,* eau du coteau ou coteau de l'eau; dans Ronthon dont nous avons parlé; dans les noms de
village appelés les Mauduns, ou les Maudons, Maudane, *mala-
duna,* les mauvais coteaux, c'est-à-dire les coteaux arides ou mal
exposés; dans Verdun (*ver-dun,* coteau sur l'eau), dans la Duesne,
dans les Doynellière et Douesnellière, qui ont donné le nom
propre Doynel ou Douesnel, ou bien qui l'ont reçu de Doynel;
mais alors Douesnel l'avait pris d'une *duesne, dune* ou coteau.

Le latin *mons* et ses dérivés ont donné le Mont, les Monts, le
Moncel, la Montrie, la Montellerie, la Mondraire. Il entre dans la
composition de Mesmont, qui signifie *més* ou habitation du
Mont; de Montjoie, de Montjouy et de Montjou. Nous avons
dans l'Avranchin quatre Montjoies: Saint-Michel de Montjoie,
Saint-Martin de Montjoie, le rocher de la Montjoie, près Mortain,

et un Montjoie à Noirpalu. Les trois premiers sont certainement *Mons gaudii*; c'est le nom qu'on leur a toujours donné, et ce nom ils le doivent aux pèlerins du Mont Saint-Michel, à cause de la joie qu'ils éprouvaient en apercevant pour la première fois, de ces trois lieux différents, le sanctuaire de l'Archange. Montjoie de Noirpalu n'est qu'un monticule, que l'abbé Desroches considère comme un tumulus, et nous ne voyons pas bien à quoi attribuer son nom. Les Montjouy et Montjou sont des *mons-jugi*, mont ou point élevé de la colline. Parmi les monts, nous signalerons le Bouée, à Montgothier, et le Montbuon, entre Saint-Pois et Mesnilgilbert.

Le Bouée a fort embarrassé M. Le Héricher; mais en le considérant, il est facile de voir à quoi il doit son nom. — Entre les collines qui se détachent de la chaine des Cellands, et descendent graduellement du côté du midi, il en est une qui se relève et se termine brusquement du côté du midi, en forme d'une boule; ce n'est pas la boule; mais c'est le bout de la colline, en latin *butum*; de là le Bouée.

Le Mont-Buon présente exactement la même forme, d'autant plus remarquable que les autres collines sont plus éloignées de celle dont il forme le bout; c'est le mont *Butum*, le mont Bout, ou si l'on préfère le Mont-Bouton, en basse latinité, *buto*, parce que sa forme arrondie vers le midi, à l'aspect d'un gros bouton. Telle est aussi le sens du mot Pignon-butor, *pinnaculum butorium*. C'est le mont qui termine les falaises de Carolles, le mont qui fait le bout; on lui a donné le nom de Pignon, parce qu'il est très abrupte, et que vu de loin il offre l'aspect du pignon d'un édifice. Desrues y vit jadis une butte d'or. Mais tout l'or est dans son nom, et il n'y en a pas dans ses flancs.

Le Mont-Jarry, c'est le mont *Jarrigue*, c'est-à-dire de la terre inculte. — Le Mont-Hery n'est autre chose non plus que le Mont-Jarrigue à moins qu'on ne veuille y voir *mons ericosus* ou *mons hericæ*, le mont couvert de bruyère. Le Mont-Furgon, c'est le mont des fourches ou des furgons, nom des gaules dont on se sert pour raviver le feu dans le four, parce que sans doute ce mont était couvert d'un bois taillis qui produisait des gaules. — Le Mont-d'Eron, à Sourdeval, est ainsi nommé parce qu'il est voisin du village d'Eron, qui est sur l'eau de la Sée (*eron*, eau

..urs d'eau). Le Mont-Huant, est le mont des chats-huants ; le Mont-au-Loup, est le mont où hurlent les loups. — Le Mont-Chabot est le Mont-Chablot, ou mont du *chable* ou du *caill*, c'est-à-dire du bois. Mont-Mirel est *mons mirabilis*, parce qu'on y jouit d'un certain point de vue ; mais il n'a rien de plus remarquable qu'un autre. — De là est venu le nom propre Mont-mirel. — Montmorel est *mons morelle*, le mont de la petite lande. — Montleval ou Laval est le mont de la vallée, ou qui domine la vallée. Mont-Corin, jadis Mont-Conin, est *mons-cuniculorum*, le mont des conins ou des lapins. Il y a plusieurs autres noms de monts dont nous parlerons à l'occasion. *Mons* entre dans la composition du nom de beaucoup de villages, Termont (*tres montes*, trois monts), la Mondaire et la Mondraire ne sont que des formes de *mons*, *montaria*, *mondaria*, que nous trouvons seuls, et dans la Frémondière (*frisca-mondaria*), le mont défriché, la Grémondière, (*gradus-mondaria*), le mont ou la colline du gué ; la Guimondière (*viti-mondaria*), la colline de Guy, la Guermondière (*jarrigue-mondaria*), le mont de la *Jarrigne* ou terre inculte.

L'Aumondière, l'Aumondais, sont pour *ad-montiam*, *ad-montariam* village auprès ou sur le mont ; comme l'Embuche est pour *in bosco*, l'Adelaire pour *ad-airam* ou *ad-terram*. — De là les noms propres Frémont, Guimont, Vimont, Guermont, L'Aumondais, Aumont, Mondair, et Mondthair.

Montanel qui semble venir de *mons* n'en vient point. Il y a une étymologie historique et certaine ; c'est *ecclesia Osmundi Asnelli*, l'église d'Osmond Asnel. D'Osmond Asnel on a fait Montanel.

Le mot latin *jugum* et son dérivé *jugillum* a donné le nom à la commune de Juilley. Nous ne croyons pas que ce soit l'habitation de *Julius* ; ce n'est pas dans un nom d'homme qu'il faut chercher l'origine de ce nom. Jadis on l'écrivait *Jugleium* ; de là il est facile de remonter à *Jugileium*, *Jugillum*. L'église est en effet sur un petit coteau, et le territoire se compose de petites chaînes de coteaux.

Le *puig* gaulois, en basse latinité *podium*, *pugium*, *pucium*, etc., en patois normand, *puits*, *pied*, *pi*, *pe*, *puce*, etc., entre dans la composition de beaucoup de noms. — Il y a plusieurs villages appelés le Puits, cela peut venir d'un puits qui s'y trouve ; mais le plus souvent, si ces villages sont sur un point élevé, c'est *palium* qu'il faut voir ; c'est la colline. La commune de Tirepied est formée de trois collines qui se succèdent au nord de la Sée, de là Tirepied, *tria-palia*. De là, à Tirepied, le Poids d'or, village situé sur un ruisseau. C'est *Poïd-or*, le ruisseau du coteau, ou le coteau snr le ruisseau. — A Rouffigny, le Pivent, *palium-venti* qu'on écrit le Pis-vent. — Taillepied, à Sassey, est *tall-palium*, la colline qui domine la vallée. — Pival est la vallée des *palia* ; c'est en effet une vallée entre deux collines. — La Petoulière, est *palii-hollus*, la vallée de la colline. La Pet-vinière, *palii-binna*, la crête de la colline. — Puce, les puces, viennent de *pugrum*. — La Piogerie peut venir de Pioger, nom d'homme, mais Pioger signifie habitant d'un *pugium* ; Coupigny, est *collis pugium* ou *pignaculum*, le sommet de la colline ; de *pugium* viennent le Pouchet et Pouey, noms de villages et noms d'hommes ; de *palium* vient encore Pied-fût, nom d'un village du Frêne-Poret, c'est *palii-fustes*, la foutelaie de la colline ; ce village est en effet situé sur une colline où croissent encore beaucoup de hêtres.

Hart ou *hard* est un mot d'origine germanique, qui signifie colline ou montée, nous le trouvons dans la Hardière, d'où le le nom propre Hardy, habitant d'un lieu ardu, dans la Hardonnière, et le Hardouin, village de Saint-Oven, c'est *hart-dun*, la côte ardue, c'est en effet un lieu d'accès assez difficile ; dans le Rohardel, la Rohardière, (*roch-hart*), montée du rocher ou de la terre rocheuse — *hart* se trouve aussi dans la Gonardière, pour l'Agaunardière, et la Rogeardière, (*agaun-hart* et *roch-hard*), qui signifient aussi montée du Rocher ; dans Lingehart (*ling-hart*) la côte de l'eau, ou sur l'eau, ou la côte de la rivière ; dans la Triardière, et la Tréhardais, (*tria-hart*, trois coteaux ; peut-être cependant pour *tria-hurt*, trois bois).

Pour désigner la crête d'une colline, les Celtes avaient le mot *binn*, et les latins *binna*, quelquefois *crista*, d'où le nom de Cristière, village situé sur une colline, comme le P et le B se remplacent facilement, *binn* et *pinn* se sont confondus l'un avec l'autre ; de là viennent les noms des villages appelés la Bigne, le Bignon, la Bignan et la Vigne ; car le B et le P se changent aussi très facilement en V, et le V en B ; — la Vigne, les Vinières, peuvent indiquer quelquefois des lieux où l'on cultivait la vigne ; la Bigne peut aussi être quelquefois pour la vigne ; car dans cer

tains départements on dit encore des *bignes* pour des vignes ;
mais le plus souvent dans notre pays d'Avranchin tous ces mots
signifient des sommets. — Nous retrouvons encore *pinna*, sommet
dans la Pesnellière ou Pesnelière, peut-être dans la Poisnière,
qui paraît cependant plutôt venir de *podium*, *podiolum*, *pois* ; de
pois vient Poisnel, nom propre et la Poisnelière ou Pesnellière.
— Pesnel, nom propre, vient aussi de *pinna* ou *podium* et signifie
habitant d'un lieu élevé (plus ou moins), — jadis le nom propre
Poisnel était très commun dans Reffuveille et à Saint-Loup,
communes qui ont des points assez élevés.

Le latin *collis*, colline, a donné la Coltière (*collis-terræ*) —
la Coboudière (*collis-bud*, le village de la colline) — la Costar-
dière et la Côtière viennent de *Costa*, côte, coteau ; de là vient
aussi le nom propre Costard.

Le mot latin *pendere*, pendre, être en pente, a donné le bas
latin *penticium*, terre en pente ; de là le nom de la commune
de Lapenty, et des villages appelés Lapenty ou L'Appentils, La-
pentrie — et de là aussi peut-être le nom propre Pantin.

A ces mots il faut encore ajouter *clift*, rocher en pente, d'où
est venu le bas latin *clabata*, terre en pente et souvent vallée
étroite et profonde ; de là les noms des villages appelés la Claf-
fetière ou la Claftière ; la Claftière à Montigny est bien dans cette
situation.

Le mot germanique *greipan*, grimper, ou dans le patois
Normand gripper, a donné les Grippes, le Gripais, les Grippières,
le Gripets, le Gripon, et le Crépont, lieux où il y a à
monter. *Fells*, mot également germanique, a donné les falaises, et
Gourfaleur (*gord-fell*, rocher sur la pêcherie ou sur la rivière).

Les Scandinaves ont apporté *bail*, colline et souvent colline
fortifiée. Ce mot s'est conservé dans Lamballe, village de Saint-
Ouen, que M. Le Héricher interprète *land-pall*, terre de Paul ;
ce n'est pas la terre de Paul, c'est un village qui s'est élevé *in-
ballio*, dans un ancien *ballium*, ou poste avancé pour défendre
une gorge, près du camp du Châtellier. — Il s'est conservé aussi
dans Brimbal, (*Brom* ou *Brum-ball*, mont de la brune ou
mont brumeux) à Saint-Sauveur de Chaulieu — peut-être dans
le Bailleul, à Saint-Cyr du Bailleul. — Le Bailleul pourrait
être un ancien château fortifié. Il s'est peut-être encore conservé dans
les Blins, à Dragé, les Belins à Lolif ; ce sont en effet des points

élevés, mais malgré cela nous croyons qu'ils peuvent avoir une autre origine. — Les Germains ont encore apporté *haug* et *hgue*, hauteur sur l'eau, d'où sont venus les noms des villages appelés la Hogue, la Hougère, la Hoguelle, la Hougue, la Hoguette. Ces villages se rencontrent ordinairement sur le littoral, mais quelquefois aussi dans l'intérieur des terres ; il y a la Hogue à Saint-Laurent-de-Cuves, c'est un village et un rocher sur le bord du Glanon, à son entrée à la vallée d'Enfer. — De là viennent les noms propres Hoguet, Deshogues, Hoguais, Haguais.

Glen, mot celtique, signifie vallée. Il s'est conservé dans le Glanon (*Glan-on*, eau de la vallée). *Nant*, autre mot celtique signifiant aussi vallée, s'est conservé dans Nantray. *Comb* ou *camb*, vallée, est resté dans les Chambres, nom de commune, la Chambre, nom de villages, dans Champrépus, nom de commune, qui paraît bien être *cambæ-pugium*, la colline sur la vallée. — Peut-être faut-il le chercher aussi dans les Cambières ; mais ce mot peut avoir un tout autre sens et signifie brasserie de bière (*cambiaria*).

Le latin *vallis* (vallée) avec ses diminutifs *vallicella*, *valliculla*, a donné le Val, la Vallée, le Vallet, la Valette, les Vallées, les Valettes, les Vaux, Vaucelles, la Vaucelière, le Vaussebert (Val de Sebert), le Valmenchon (*vallis mansio*, habitation de la Vallée), Bon-Val, le Valbiot (*vallis-butum*, tonneau ou bouteille du Val), le Valjouais, (*vallis jugum*) ou *vallis jugi*, la colline de la vallée, ou la vallée de la colline), Vaumoisson, c'est-à-dire le Val de *moisson*, qui signifie moissonneur, le Vaugrente, (val de *grente*, nom qui paraît venir de *warn*, garder, et signifie garde — de là les noms propres Vaumoisson, et Vaugrente — le Vaugrente est à Saint-Georges de Livoie, qui est bien aussi le pays des Vaugrente. — Le Val a encore donné le Vaulegeard (Val Legeard, de *ward*, garder), d'où le nom propre Vaullegeard, et de Vaullegeard est venu la Vaullegeardière. — De val viennent les noms propres Leval, du Val, Vallan, Vallée, Valette, Desvaux, Vallet, Desvallées.

Thal ou *tal*, germanique, qui signifie vallée, est resté dans Taillepied, village de Sacey (*thal-pdium*) colline de la vallée, dans la Talvacière (*thal weiss*, colline, marais ou boue de la vallée). Si cette étymologie ne convient pas au village de ce nom, on peut y voir *talvacius*, porteur ou fabricant de cuirasses. — Thal est resté dans Tallevande, (*tal-wund*, vallée de la rivière ou de la Vire), nom de deux communes limitrophes de l'Avranchin, d'où est venu le nom propre Talvende, — nous avons aussi la Talvendière ; mais ce nom lui a été donné, croyons nous, par des Talvende.

Dal, mot scandinave qui signifie vallée, a donné nos Daliais, Dalinière, Dalinais, Dalinière — quelques-uns de ces noms peuvent cependant venir de *del*, mot germanique qui signifie un partage, ou une mesure agraire.

Les Scandinaves ont importé *holl*, creux, vallée, latinisé *hollus*, et *hullus*, d'où les villages appelés la Houlle, la Houlière, la Houllerie, la Héaule, la Haulardière et les noms propres Houllier, et Hullin. — Haulardière peut cependant venir aussi de *caule*, bergerie, par le changement assez fréquent de C en H, de *hollus* viennent la Tréhollais (*tres hulli* trois vallées), la Dehallière (*di holli*, deux vallées) ; Holbiche, quartier d'Avranches, est Holl-bec, le bec ou la pointe qui s'avance dans la vallée.

Infernus, lieu bas, a donné l'Enfer, Enphernet, la vallée d'Enfer et le nom propre d'Amphernet.

Deorsum a donné *Josum*, mot de basse latinité qui signifie lieu bas, d'où le nom de la Josais ; de là aussi Vengeons, nom de commune dont l'étymologie semble très difficile. — Il nous semble que c'est *brumæ*, ou *venne josum*. On écrivait en effet jadis Vengeos ou même Vengos et non Vengeons. — Cette commune est située sur la crète de chaîne qui sépare le bassin de la Vire de celui de la Sée. Mais au lieu qu'elle occupe, il y a une dépression sensible de la crète, Vengeons est bien au dessous de Saint-Martin de Chaulieu, et à l'ouest la crète se relève un peu du côté de Gathemo ; c'est donc bien *venne-josum*, la partie basse de la crète.

Un autre mot importé par les Scandinaves a encore donné son nom a beaucoup de lieux, c'est *holm*, latinisé *holmus*, un holm n'est ni une élévation proprement dite, quoique souvent les holmes soient élevés, ni une vallée ; c'est une pointe de terre qui s'avance dans l'eau d'une rivière ou dans des marécages, de manière à former une sorte d'ile ou plutôt une presqu'ile ; de là les *hou* si connus dans le nord de la Manche, mais qui ne se rencontrent pas dans l'Avranchin ; nous n'y trouvons que le

Homme, le Holme, et peut-être quelques Hommets. Certains villages sont appelés L'hommel et Loumel, mais plusieurs ne sont point des Holmes. Ces deux noms mal orthographiés l'un et l'autre sont pour l'Oumelle, de *ulmellus*, ormeau ; c'est la même étymologie que celle des Œumelets, les petits ormeaux ; du moins nous n'en pouvons trouver d'autre. — De Holme, vient le nom propre Lhomme.

Dol, mot celtique, table, terrain plat, qui a donné son nom a la ville de Dol, l'a donné chez nous à tous les Champs-Dolents, qui ne sont pas des champs de malades ni de blessés, comme on l'a quelquefois supposé, et n'indiquent point un lieu de combat. — De là aussi sans doute vient la Dolerie, et le nom propre Dolé.

Le latin *clivus*, pente, montée, a bien quelque rapport avec le germanique *cliff*, rocher, dont il a été déjà parlé. *Clivus* entre dans la composition de l'ancien nom de Parigny, *Patricliacum ; petræ-clivi-aque*, l'eau de l. pente ou du coteau pierreux ; ce nom, comme on le voit, est tout latin, il convient d'ailleurs parfaitement à Parigny, dont l'église et le bourg sont situés sur une montée pierreuse et assez rapide, au bas de laquelle coule l'Argonce, c'est bien l'eau du coteau pierreux.

Les pierres et sols pierreux ont donné le nom à beaucoup de localités.

Colou ou *Collou*, mot celtique, dont paraît venir le français caillou, semble signifier pierre dure en massifs comme le granit. — *Agaun* dans la même langue des Celtes, est une pierre également dure et massive mais de nature différente, comme les quartzites. — *Lose* signifie pierre plate, ou schiste. — *Toph* ou *tuff*, une pierre molle, légère et friable ; c'est le sens que le peuple lui donne encore dans l'Avranchin, la pierre que scientifiquement on appelle tuf et tuffeau, c'est-à-dire le travertin, et quelques autres pierres calcaires poreuses et légères, n'existent pas dans les arrondissements d'Avranches et de Mortain, et cependant on y dit souvent que telle ou telle terre est sur *tuffe* et le sol *sur tuffe* y est estimé, quand cette pierre, mélangée à l'humus ou terre végétale, n'y est pas trop abondante, parce que c'est un sol qui souffre moins de l'excès de la pluie et de la trop grande sécheresse ; il s'échauffe plus vite, et généralement tout y est plus précoce. Ce qu'on appelle *tuffe* dans la contrée, c'est une sorte de schiste, talqueux, mou, et doux au toucher, qui s'émiette facilement en se mêlant à la terre végétale. — *Roch*, rocher, est encore d'origine celtique.

Colou ou *Collou* nous semble bien avoir donné son nom à Coulouvray, *Coulou-bré*, le mont rocheux, le mont des pierres granitiques ; aucune dénomination ne convient mieux à cette commune. Comme dans quelques autres des environs, on y voit souvent des masses granitiques dont la pointe dénudée s'élève même au milieu des champs cultivés. De là nous paraît venir le nom propre Coulon ; Coulon, l'homme de la pierre ou du granit, c'est-à-dire qui extrait ou qui travaille le granit. Il y a des noms qui semblent prédestiner ceux qui les portent à exercer certains métiers. Nous avons connu des Coulon piqueurs de granit.

Agaun, d'où peut-être Agon, a donné son nom aux villages appelés la Gaunerie, la Gonardière, la Gonetière, noms mal orthographiés qu'on devrait écrire L'Agaunerie, l'Agonardière, l'Agonetière. Si on s'en rapporte au langage populaire, le mot *agaun* paraîtrait signifier amas ou tas de pierres, *Agaun* s'est conservé facile à reconnaître dans une expression du langage populaire. On dit en effet *agaunir*, ou même *agauniser* d'injures, « il m'a agauni, ou il m'a agaunisé de sottises », pour dire : il m'a chargé d'un tas d'injures, ou, couvert d'un monceau d'injures. D'*agaun* peut venir le nom propre Gontier ; mais il peut venir aussi, et plus probablement vient de *gonetarius*, fabricants de gones, c'est-à-dire habits en peau de bique, ou en général tailleur.

Lose, pierre plate ou schiste, a laissé aussi quelques traces ; il y a des villages appelés les Osiers, l'Oseraie. Ces mots pourraient venir d'Oseraie ou plant d'osiers et indiquer des lieux ou l'on cultive l'osier, et cette étymologie peut être la vraie quelquefois ; mais souvent aussi ce n'est pas cela ; il y a au Frêne-Poret un village appelé les Osiers, c'est un coteau assez élevé, pierreux et peu propre à la culture de l'osier ; mais c'est bien un coteau schisteux, un coteau de pierres plates. Ce village mérite bien s'appeler les Losiers. L'orthographe est donc mauvaise, ce n'est pas *les Osiers* qu'il faut écrire mais les Losiers ; les Oseraies, pour la même raison, peuvent être bien souvent des Loserais ; il faudrait voir le terrain.

Tulf ou *tolf*, latinisé *tulphus, tulpha, tolphum* ou *tolphus, tolpha, tholfum*, a donné son nom aux villages appelés la Tuverie, la Toverie, la Touverie, les Tuvellières, et au Mesniltove, latinisé *Mesnillum Tolfi*, d'où le Mesnil-Toulfe, le Mesnil au Manoir de *la tuffe*; car dans le langage populaire tuffe est du féminin ; on dit *de la tuffe*, et non du tuf. Le nom où se trouve l'église du Mesniltove est bien en effet un fond tuffeux dans le sens qu'on donne vulgairement à ce mot. On pourrait supposer un seigneur Tolf, inconnu, peut-être d'origine germanique ou scandinave, mais si on en suppose un pour le Mesniltove, il faudra en supposer d'autres pour les Toverie, Touverie, Tuvellières, et ce sera bien des suppositions de seigneurs Tolf, qui n'ont jamais existé. Nous préférons l'explication de Mesniltove par un mot dont le sens nous est connu, et confirmé par le langage populaire encore en usage. — On pourrait peut-être voir la même étymologie dans le nom d'un village de Cuves qu'on écrit quelquefois les Touvières, mais dont le nom populaire et vrai est les Estouvières. Ce n'est donc plus la même chose. Estouvières vient de *estoverium*, mot de basse latinité d'où est venu le français étoffier, et qui signifie une terre donnée à une fille, une veuve, ou à quelqu'autre personne que ce soit, pour sa subsistance et son entretien. — Les noms des villages, en effet, ne viennent pas tous de la nature du sol ou de leur situation, nous verrons dans la suite qu'un grand nombre ont reçu leur dénomination pour beaucoup d'autres motifs différents.

De *tuph* nous paraissent venir les noms propres Tuffier, Tuffin, Typhaine et Typhaigne.

Roch, rocher, a nommé les villages appelés le Rocher, les Rocheux, les Rochers, la Roche, les Roches, la Rochelle, nom de commune et de hameaux, les Rochettes, la Rocherais, la Rogettière, la Rogeardière, (*Roch-hart*, coteau de la Roche, ou coteau rocheux), la Rohardière, le Rohaldel, Auberoche (*Albarocha*, blanche roche). Roche et rochers n'indiquent pas toujours des rochers apparents et qui percent le sol ; mais souvent ils désignent simplement un sol dont le fond est une pierre dure. Roche-commun, à Saint-Oven, est *rocha commanentium*, la roche de ceux qui habitent ensemble, ce qui signifie le village de la Roche. — De *roch* viennent les noms propres Rocher, Rogeron, le Rogeron, Rogerie, Roger, de la Roche, Desroches,

Delaroque, Laroque, Roquet. — De *or-roch*, vient le nom du village appelé la Horique ; c'est bien un rocher sur l'eau, un ruisseau passe au pied de ce rocher.

Kairn ou *carn*, et *lech* sont des mots celtiques qui signifient pierre, mais ils semblent spécialement indiquer des pierres consacrées à la religion ou des pierres debout, comme celles de Carnac en Bretagne ; nous y reviendrons ailleurs, disons seulement que *kair* ou *carn* a donné le nom de Carnet, et de là vient aussi le nom propre Carnet. Les latins ont importé *saxum*, rocher, et dont le sens parait être le même de celui de *roch*. — *Saxum* donne peut-être l'étymologie de Sacey ; cependant on trouve ce mot écrit Salcey, et nous serions porté à croire que la véritable étymologie est *salicetum*, saussaie, lieu où il y a des saules.

Cos, mot latin, qui signifie pierre à aiguiser, et en général toute pierre dure, a donné son nom aux villages appelés la Cossère, Gosse, la Gosserie, la Cosserie, et de là viennent aussi les noms propres Gosse, Cossé, Gosset, Gosselin. Ceux qui ont reçu ces noms peuvent eux-mêmes les avoir donnés aux villages ci-dessus, mais ils les tirent eux-mêmes de *cos*, soit parce qu'ils extrayaient ou préparaient des pierres à aiguiser, soit parce qu'ils exerçaient le métier de remouleurs. De cos viennent aussi probablement par l'adoucissement de G, les noms propres Josse et Josset, et le nom du village de la Josserie. *Petra* a donné la Pierre, les Champières, les champs de la Pierre, la Pesrelle, la la Perruque, la Perruche, tous noms qui signifient terrain pierreux, la Perrière, le Périer, Périers, noms qui paraissent signifier des carrières. Périers, nom de commune, signifie carrière ; il y a en effet dans cette commune des carrières de granit, et on en extrait depuis des siècles ; la Perrée signifie ordinairement une voie empierrée. De *petra* viennent encore le Perron, le Perray, la Perraine, Péronne, la Perronais, le Péroux, le Perronnet. — De là viennent aussi, soit directement parce qu'ils furent appliqués à des hommes qui extrayaient ou travaillaient des pierres, soit par des villages que ces hommes habitaient, les noms propres Pierre, Lapierre, Perrin, Perret, Perrote, Peronne, Peyron, du Perron, du Perray, Pierrot, Perrault, Perrodin, Perrouault, et autres, dont quelques-uns cependant peuvent être des transformations du nom de baptème Pierre, devenu patronymique. La Perrière et Lamperrière ont la même origine.

Pour désigner une terre sablonneuse, les Celtes avaient le mot *grau* ou *grau* qui signifie gravier, et *grée* qui désigne une terre pleine de gravier et pierreuse. *Grau* s'est conservé dans la Graffardière (*grau-hart*) colline de gravier, et dans la Graverie; de là le nom propre Legraverend, qui cependant peut venir aussi de *Gravanger*, ou collecteur des revenus de la vicomté.

Le mot *Grée*, encore maintenant employé en Bretagne, signfie une terre inculte et pierreuse, ordinairement couverte de bruyères, ce mot parait s'être conservé dans nos villages appelés les Grêles, les Grêliers, les Greslières, peut-être aussi par l'effacement du G dans les Reilières et Reslières.

Le latin *sabulum* a donné la Sablonnière, terre sableuse, et le bas latin *sabularia* a donné probablement la Sebillère.

Le mot latin *mollis* appliqué aux pierres, a donné la Mollière, la Moelle, la Molinière, la Moulinière, et très probablement Moulines; quoique cette paroisse soit désignée dans d'anciennes Chartes sous le nom de moulin des os, *molendinum de ossibus*, elle ne nous parait pas tirer son nom d'un moulin, mais de la nature du sol, — dans une partie au moins, le sous sol est bien une pierre molle.

Billy, la Billère, la Billais, la Billotière, viennent de *bilg*, mot gaélique qui signifie terre légère.

Le celtique *land* signifie terre inculte et indivise — *more* signifie lande couverte de bruyère et souvent humide — *causs*, également celtique, a le même sens que *more* ou à peu près. — *Garrique* ou *jarrique* indique une terre aride et pierreuse.

L'adjectif latin *calvus*, appliqué à un lieu, a le sens de dénudé, et le bas latin *calvetum* a le même sens que le celtique *causs* ou plutôt *mora*; c'est une lande humide, une sorte de marais. — *Vastus*, dont on a fait *wastus*, *guastus*, et *guastum*, indique des terres ravagées ou simplement désertes, inhabitées — *Desertum* a le même sens. Dans tous ces mots nous trouvons l'étymologie de bien des noms de villages.

Land, latinisé *landa*, a donné la Lande, les Landes, les Landelles, la Landraire, Landetouche, (*landæ-tosca*, la touche de la lande), Lande-Chauve, (*landa-calva*, terre dénudée). — *Land* se trouve dans Cellant, jadis Serlant; nous ne croyons pas toutefois que Cellant soit la terre de la Sée, attendu que la Sée touche à peine le Petit-Celland, et ne touche le Grand-Celland par aucun point. Celland nous paraît être plutôt *Ker-Land*, la terre du village, ou de l'habitation. — *Cervorum landa* terre des cerfs, nous paraîtrait même plus acceptable que *Ste-land* ; et cependant nous n'y croyons pas. La forêt de Mortain est connue sous le nom de Lande pourrie ; ce nom a été latinisé vers le xi° siècle *landa-putrida*. Nous ne pouvons comprendre cette traduction que par la ressemblance de pourrie avec *putrida* des latins ; car il n'y a certainement rien de plus pourri dans cette forêt que dans les autres ; mais quand on a latinisé ce nom, on disait déjà *lande-pourrie* ; et pourrie ne venait pas de *putrida* mais de *porrectaria* ; c'était la Lande, ou la terre étendue, la *grande forêt*. La Lande pourrie était bien en effet la Grande-Forêt du pays. — Il y a à Ducey ou dans les environs un village nommé la Pourrière, c'est dans le même sens que la Lande pourrie ; c'est aussi *porrectaria* ; la terre étendue, la grande terre, qui, depuis, peut bien avoir été diminuée. — De Lande on a fait en basse latinité *blanda*, qui a donné la Blandellière, la Blandinière. De *landa* et *blanda* sont venus les noms propres Lande, la Lande, de la Lande, Deslandes, Landrin, Landry, d'où la Meslandrie (le mès de Landry), Lelandais, Landelles, Blandin. — Lande se trouve dans Lengronne et Lengronnière, c'est *Land-green*, la terre du marais. — Breffeland est *brevis-Landa*, la petite lande.

More, latinisé *mora*, a donné Moret, Mouraine, Mouray, Morette, les Mores, le Murel, la Murière, et les noms propres Le More, Lemaur, Murie, Muriel, Mauray, Mauron, Morin, Morand, Morice, Morel, Moreau, Morilland, Morisset, la Moricière et un grand nombre d'autres, soit directement par ses diminutifs *morella*, et *morilla*, soit par l'intermédiaire des noms propres ci-dessus ; *mora* a donné encore la Morinière, la Morandière, la Morellerie, la Morillaudière ; *mora* a donné aussi son nom aux fruits du *vaccinium myrtillus*, les morets appelés ainsi, non parce qu'ils sont noirs, mais plutôt parce que ce sont des fruits des mores ou des landes.

More entre dans la composition de Mortain, *Moræ-tun*, la hauteur de la lande, ou la lande haute ; Mortain en effet est bien encore un pays de landes, quoique peu à peu la culture les fasse disparaître, et c'est bien une lande haute ; car Mortain est très élevé au dessus de la vallée qu'il domine.

Causs, lande, a donné la Chausserie, la Causetière, la Chaussonnière, Chausson.

Le bas latin *calvetum*, qui s'en rapproche, a donné la Chauffetière, *calvata-terra*, la Chauffeterie, la Chauverie ; de là vient aussi la Chaude-Bouvée ; *Calva-bovata*, la bouvée-chauve ou bouvée de la lande ; la bouvée est une certaine portion de terre. Chaulieu, nom de deux communes, doit s'interpréter *calvus-locus*, lieu chauve, c'est-à-dire dénudé, parce qu'autrefois c'était un pays boisé et qu'il a été défriché ; aussi trouve-t-on ces deux paroisses, jadis appelées Lessarbois, *exsartus boscus*, c'est-à-dire le bois défriché. — De *calvus* et *calvetum* viennent les noms propres Chauvel, Chauvin, Chauvet, Chauvois, Cauvet, et directement ou par leur intermédiaire les noms des villages appelés la Chauvinière, la Chauvellerie, etc.

Le celtique *jarrigue*, latinisé *jarria*, a donné le Jarry, la Jarriais, la Jarrière, le Jarriot, les Jarriots, la Jarriottière (*Jarria terra*) et Jersay, village de Saint-Brice, qui est évidemment une terre défrichée, jadis une *jarrigue*. Cependant on pourrait faire venir ce nom de Jarzeau (*vicia cracca* et plusieurs *ervum*, qui croissent abondamment dans les terres de cette nature). De *jarrigue* viennent les noms propres Jarry, Gereux, Géraud et Gérard, et les noms des villages appelés la Géreudière, Géraudière, Gérardière.

De jarrique viennent aussi très probablement la Guerche, la Hérissière, la Herrissais, le Mont-hery, le Hérisson, et les noms propres le Hérissé et le Héricey.

Desertum a donné le Désert — *deseratum*, lieu abandonné ou sans issue, a donné Desseroy, — de là les noms propres Ledésert, et Desseroy, Desserrouer. — *Vastum* a donné le Gast, Saint-Martin-du-Gâts, les Terres-Gâtes, les Gastines, la Gâtinière.

IV

Bruyères, forêts, bois — essences diverses d'herbes, arbustes et arbres qui ont donné leurs noms aux lieux — voies, chemins, sentiers, passages.

Le celtique *brand* signifie la bruyère, c'est-à-dire la plante de ce nom, et par extension le lieu ou elle croît. — Les latins avaient, pour signifier bruyère, *erica* et *ericetum*, d'où peut-être sont venus les noms de l'Erière et de l'Ericière, et peut-être la Hérissière dont il a été parlé ci-dessus. — De *brand* latinisé *branda* et qui signifie aussi brindelle, petite branche, viennent les noms des villages appelés la Brindosière, la Brindais, (nous connaissons un village de ce nom, qui a été bien certainement une bruyère). — De *brand* vient aussi Ivrande, nom d'un village de l'Avranchin et d'une commune voisine située dans le département de l'Orne ; c'est *I* ou *Ive-brand*, la bruyère de l'eau ou sur l'eau. — De *brand* vient aussi la Braudière et le nom propre Brault.

On a beaucoup cherché l'étymologie de Brouains, et on n'en a guère donné de raisonnables ; le nom de cette commune, qui fut jadis couverte de bois et de bruyères, nous paraît venir du celtique *brug*, bruyère, et quelquefois bois, mot qui en basse latinité a pris une multitude de formes, entres autres *bruscaia*, et *bruscanium*. Brouains, c'est *bruscanium*, la terre des bruyères et des bois. De là vient aussi le nom du village appelé la Brouennerie. — S'il reste des doutes, on peut comparer Brouains avec tous les noms de villages qui dérivent de *brug*, et on en trouvera certainement qui ont bien quelqu'affinité avec le nom de cette commune.

Le principal mot celtique pour désigner la bruyère était *brug*, il désignait non seulement la bruyère proprement dite, mais les lieux couverts de broussailles, mot qui tire lui-même son origine de *brug*. Les latins firent de ce mot *bruarium, bruaria, bruscia, broscia, broscania, brusia, brozia, brutium*, de là le grand nombre de villages appelés la Bruyère, la Brière, le Brouard, le Breux, la Brousse, les Brousses, la Broustière, et les noms propres la Bruyère, Brière, Brouard, Bereux ou Breux, la Brosse, la Brousse, de la Brousse, Broussais. — Comme les villages appelés la Bruyère sont très nombreux en certaines contrées, on y a ajouté souvent, soit un nom d'homme, soit le nom d'un village voisin, soit un autre qualificatif quelconque. La Bruyère-Aubouin n'est pas la Bruyère au bois, comme on l'a écrit quelquefois ; Aubouin est un nom d'homme et ce nom existe encore. Ce pourrait bien être une forme de Aubeut ou Aubault. — La bruyère au Ré, c'est la bruyère au Roi ; autrefois plusieurs bruyères portaient ce nom. La Bruyère de la Herthe, c'est la Bruyère du bois. — De *brug* par *brosscia*, sont venus aussi les noms des villages appelés la Broize et la Braize, au moins pour la plupart, et de là viennent les noms propres de la Broize, Debroize, Debraize.

Notre mot forêt vient du germanique *borst*, sapin, bois de sapin, par extension forêt. De là les noms propres le Forestier, Forestier, Forêt, Fortier, peut-être le Fort et Fortin. Leforestier signifie garde-forêt et les villages appelés la Foresterie rappellent l'habitation d'un garde-forêt.

Le mot latin *sylva* est resté dans Sylvain, Servain, habitant de la forêt, nom que portaient les anciens seigneurs de Saint-Pois et qui s'est conservé dans l'Avranchin ; il s'est conservé aussi dans les villages appelés la Sauvagère et dans les noms propres le Sauvage et Sauvaget. Sauvagère ne signifie pas cependant un lieu sauvage, un démembrement de forêt, mais un lieu où il y a, comme on dit en termes populaires, du *sauvagin*, c'est-à-dire du gibier ; le sauvage et sauvaget signifient qui poursuit le *sauvagin*, c'est-à-dire chasseur.

Cail, en celtique, signifiait forêt, bois ; de là les noms de nos villages appelés la Caille, la Caillère, la Caillette, la Chalottière, la Chabotière (*cail-bod*, village du bois), le Chabot ; la Calbottière et la Caillebottière. De là le nom propre Caillebotte ; ce nom prouve bien clairement que souvent ce sont les lieux qui ont donné leurs noms aux habitants. Caillebotte, en effet, ne se comprend pas, sans qu'il y ait une *cail-bod*, c'est-à-dire une maison du bois. — De *caill* vient aussi le nom des villages appelés le Chable, les Chables, le Chablais, ce sont tous des villages pris sur les bois. — Les Challiers pourraient également s'en tirer ; mais nous croyons que c'est plutôt *hallus*, maison, qui en est l'origine. Il n'est pas très rare que la lettre h se change en ch ou en j. — De *cail* viennent les noms propres la Caille, Lecaille, le Cailtel, Challier, Chablais, le Chapelais, le Chapelain.

Coët, mot celtique qui signifie bois, n'est resté en Avranchin que dans le nom du Couesnon. Saint-Hilaire-du-Harcouët tire bien son nom de son seigneur Hascou ou Hascouet, et le nom de Harcouet n'y a été ajouté même que longtemps après ce seigneur ; jadis on disait simplement Saint-Hilaire ; on ne trouve ce nom, qu'à partir du XIII° siècle.

Le mot *wald* ou *wold*, celtique et germain, commun à plusieurs langues, et qu'on a latinisé *woldus*, *wolda*, *woldum*, ou *gauldus*, *golda* ou *gaulda*, *goldum* ou *gauldum*, s'est conservé dans un grand nombre de noms de lieux, ainsi que les mots suivants de basse latinité, qui semblent en être des dérivés *waldinum*, *goldinum*, *gagium*, *gagiolum*, etc. *Goldum* et *golda* se sont conservés dans les villages appelés le Gault, la Gaude, de là les noms propres du Gault et Legot.

Golda s'est conservé dans La Codefroy, nom d'une commune et de plusieurs villages de l'Avranchin. Nous ne pouvons y voir *god-frid*, la paix de D.eu, car ce nom qui se comprendrait pour une église, appliqué à de simples hameaux, n'a plus de signification. — Du reste La Godefroy, commune, s'appelait, il y a trois siècles, la Gaude-fraye ; l'étymologie est parfaitement claire et nous paraît incontestable ; c'est bien *walda* ou *galda-frisca* ou *fresca*, la Gaude ou le Gault, c'est-à-dire le bois défriché. Cette commune, d'ailleurs, est encore plus d'à moitié entourée de bois. Les noms des villages appelés la Goderie ou Gauderie, la Gaudichère, et la Godichère, peuvent avoir la même origine, bien qu'on puisse interpréter aussi ces mots par *godia*, mot de basse latinité qui signifie jouissance, et alors ce seraient des terres qui auraient été données en jouissance ou en usufruit.

Les noms propres Godefroy, Geoffroy, Geffray, Geffroy, Jouffroy, etc., peuvent venir du nom Godefroy devenu patronymique, mais ils peuvent venir aussi des *godefraies* ou bois défrichés. Les noms propres Gaudin, Gaudais, Godin, Godet, Godon, viennent certainement de *goldus*, et signifient du bois.

Le nom de Gandonnière que porte un village voisin du bois de Chasseguë pourrait bien être aussi pour la Gaudonnière, *wald-ton*, et signifier la colline du bois, ou *wald-on*, le bois de la rivière ; il est en effet un peu élevé au-dessus de la rivière d'Argonce. Ce qui nous le ferait supposer, c'est qu'à peu de distance se trouve un autre village nommé la Couverture (en basse latinité *coopertorium*, le couvert), terme qui paraît indiquer un fourré, où se refugiaient les animaux sauvages poursuivis par les chasseurs.

Les gardes des bois s'appelaient *valterius* ou *galterius* ; de là les noms propres Vautier, Gautier, Galtier, et les villages appelés la Gauteraie et la Gauterie ; de là aussi Montgothier, *mons val-terii*, mont d'un garde de bois, ou de Gautier.

De *waldinum* on a fait *waldeneium* ou *goldeneium*, petit bois, et de là les localités nombreuses appelées Glatigny ; nous en avons plusieurs dans l'Avranchin.

Gagium a donné le nom aux villages appelés le Gage, la Ga-gerie, et les noms propres le Gage, le Gager, du Gage, tous noms qui signifient du bois.

Les latins ont importé *lucus*, bois, qui nous a donné la Lu-cerne, *lucerna, lucus-cernuus* ; le bois de Courbefosse, *curva-fossa*, sur le bord de la vallée du Thar, contourne un peu la Lucerne. L'affixe d'Outre-Mer est de notre siècle. On a prétendu l'avoir trouvé dans de vieilles Chartes, où l'on a pu trouver d'Outre-Thar, mais certainement pas d'Outre-Mer ; car cette localité n'a jamais porté ce nom, qui n'a aucune raison d'être. Ce sont les Anglais, dit-on, qui le lui avaient donné. Mais toutes les Lucernes de Normandie étaient pour eux des Lucernes-d'Outre-Mer. — C'était à cause de l'abbaye ; y avait-il donc en Angleterre un autre abbaye de la Lucerne, pour qu'il fût nécessaire de la distinguer de la nôtre par l'affixe d'Outre-Mer ? On conçoit d'Outre-Thar, parce qu'elle est la seule localité appelée la Lucerne qui se trouve au midi du Thar.

Lucus a donné aussi la *lucerie*, Loussé ou plutôt Loucé, et la Loussaudière, (*luci salicaria*, la saudraie du bois, ou le bois de saules). — Par son diminutif *lucellus, lucellum*, *lucus* nous a encore donné Le Luot, nom d'une commune du canton de La Haye-Paynel.

Saltus, bois, est resté dans Beausault, *bellus-saltus*, beau bois, dans Sault-Chevreuil, *saltus-capreoli*, bois du chevreuil, Sault-Besnon, latinisé *saltus Berluini*, bois de Berluin, ou de Besnon, qui est un nom parfaitement inconnu. Mais Bernon nous paraît être plutôt *bre-on*, eau de la colline, c'est le bois de la colline sur l'eau. Sault-Besnon, dont le bois existe encore en partie, est en effet une colline assez élevée sur le Limon.

Les Francs ont-ils importé *busck* ? c'est un mot commun à toutes les langues du Nord, et qui pouvait bien appartenir aussi au celtique. Ce qu'il y a de certain, c'est qu'il a pris sa place dans l'Avranchin qui était en effet un pays couvert de bois et forêts. Les latins en ont fait *buscus, boscus*, et en basse latinité *boistus, boissonnus, buissonnus, boissonettus,* de là le nom des nombreux villages appelés le Bois, le Busc, le Bosc, le Buisson, les Buissons, le Bisson, le Boissonnet, le Buissonnet, le Bis, la Bisardière, le Boisierais, (*boscaria*), la Boisardière *bosci-hart,* la côte du bois ou côte boisée, la Boissardière (peut-être *boscus-exsartus,* bois défriché), le Boiston (*boistonus*), — le Boishineust (*boscus-hinniculorum,* bois des petits cerfs). On retrouve encore *busk* dans le nom de L'embûche, village du Frêne-Porêt, dans celui de Lambut, village de Sourdeval ; c'est *in-bosco,* le village dans le bois. — On devrait écrire L'embuche et L'enbusq. Lambut ne justifie plus son nom ; mais on peut encore reconnaître L'embuche, c'est un village voisin des bois.

De *busc* et de ses dérivés viennent évidemment les noms propres Dubois, Dubosc, Dubusq, Dubut, Lebois, Boizard, Boiton, Bolineust, Bisson, Buisson, Dubuisson, Desbuissons.

Pour terminer ce qui concerne les bois ajoutons encore certains mots importés par les Latins et les Germains.

Le mot latin *trabes,* poutre, fut employé pour désigner un bois de haute futaie dont on tirait en effet les poutres ; de là les villages appelés Travigny, la Traffetière. — *Lignum,* bois coupé, pour les contructions ou pour le chauffage, nous a donné Ligny, *ligneium,* qui paraît signifier un lieu ou l'on entassait du bois ; mais le mot *lignum* finit lui-même par être employé dans le même sens que *nemus* et *sylva,* en sorte que Ligny pourrait bien aussi signifier un bois. Nous ne croyons pas qu'il faille chercher l'étymologie de Subligny dans *sub-ligno.*

Touche est un mot d'origine celtique qui ne signifie pas un bois, mais simplement un bouquet d'arbres, ou si on le veut un bois de très petite étendue. Les latins en ont fait *tosca* ; et de *tosca* on a fait *tuscina,* une petite touche, *tuschetum,* un lieu ou il y a plusieurs bouquets d'arbres. *Tuschetum* a donné le nom à la commune de Touchet ; de là les villages appelés la Touche, les Touches, Tossigny, et les noms propres Touchet, la Touche, de la Touche, Toché, Tossé.

Le mot celtique *laun* désignait une plaine, une clairière entre les bois ; de là les villages appelés la Lonnière, la Louinière et le nom propre Louin.

Une petite clairière c'était *fro, frou* ou *frox,* qu'on a traduit en latin par *fraustum,* terre inculte, mot qui s'est appliqué souvent à toute terre inculte surtout aux environs des bois: *Fro* a donné la Frogerie, la Frogeais, la Frogeraie; de là aussi vient le nom de beaucoup de villages appelés les Forges. Plusieurs de ces villages peuvent tirer leur nom de ce qu'il y eut là jadis un forgeron ; mais, comme plusieurs forges se trouvent dans des lieux déserts et aux environs des bois, il y a lieu de croire que plusieurs de ces villages sont appelés la Forge, pour la Froge ; de là viennent les noms propres le Frogeais, Frogier, le Forgeais.

Le village de Grémilly, à Ger, tire son nom de *gremium*, sein, parce qu'il était dans le sein de la forêt.

Aux abords des bois et des forêts se trouvaient souvent des terres vagues et incultes appelées *plesses*, mot d'origine germanique et qui a donné le nom aux villages appelés la Plesse, la Plaire. — De là probablement le nom propre le Pley, c'est-à-dire l'homme de la Plesse. La Plesse ne vient pas de *plectere* et n'a pas le même sens que Plessis.

Les bois et les forêts étaient délimités par des pierres ou des arbres appelés *merk*, d'où le français marque ; et ce terme désignait aussi les limites de la province. C'est ce qui a fait donner aux Loges, près Saint-Hilaire, le nom de Loges-Marchis; ce sont les loges de la marche ou de la frontière. — De *merk* vient le nom du village de Saint-Clément, appelé le Chêne-ès-Mers. De là viennent aussi les nombreux villages appelés la Mercerie, presque tous situés à peu de distance des bois. C'est l'origine des noms propres Le Mercier, Mercier, Lemarchand, Marchix.

Beaucoup de plantes, d'herbes et d'arbres ont donné leur nom à diverses localités.

Les latins avaient bien remarqué le *rumex*, surtout l'espèce qu'on nomme petite oseille ; tous les dictionnaires latins donnent à *rumex* le sens d'oseille. Les lieux où cette herbe croît en abondance sont des terres en général qui ne sont pas fertiles. Elle a certainement donné son nom à Romilly, *rumicilleium*, la terre du *rumex*. Nous sommes porté à croire qu'elle l'a aussi donné à Romagny, qui ne nous paraît pas venir de *Romanus*, mais de *rumex*, *rumineium*, ou *rumicineium*, terre à oseille ou à *rumex*; car dans son ensemble Romagny n'est pas une terre bien fertile ; il y a bien des landes et des bois, et beaucoup de champs cultivés sont encore féconds en *rumex*. Nous dirions la même chose d'un Romagné qui se trouve en

Bretagne. Qu'on y voie Romanus, si l'on veut ; pour nous, nous n'y voyons que *rumex*. — Il y a des villages appelés Rome, qui se trouvent probablement dans le même cas, aussi bien que les Rumillères. — Un autre *rumex*, qu'on appelle vulgairement *la doche*, a donné le Champ-dochoux, village de Saint-Oven.

Le jonc qui croît dans les lieux marécageux, en latin *juncus* et en basse latinité *canna*, et *canua*, a donné le nom à la Cannerie, à la Canouardière, (*canuæ-hart*, coteau du lieu couvert de joncs, et à la Canoudière (*cannudiaria*, lieu couvert de joncs. C'est bien le cas de la Cannerie que nous connaissons). *Juncus* a donné la Jonchais, le Jonchet, le Jonquet.

Le chiendent à patenôtres a donné la Patenôtre ; mais ce nom est de récente origine.

Les ajoncs, en patois normand les *jans*, ont donné le nom au Nid au Jan, aux Jaunières, au village appelé les Gens, lisez les Jans. A cause de leurs fleurs jaunes (*jalnus* pour *galnus*), ils ont donné le nom à tous les villages appelés la Jaunière, la Chosnière (pour la Jônière), la Jaunaye, le Jaunay, les Yaunes, le Jaunet. — De là aussi le nom propre Jaunet. On appelle aussi l'ajonc *guignon* ou *guigne* ; de là le Guignon-fleuri, la Guignardière, et les noms propres Guignard et probablement Guichard.

Les broussailles, en latin *tribuli*, *sentes*, *vépres*, ont donné la Triboulière, les Vêpres, Saintray, la Seintonnière (*sent-tuni*, la côte des broussailles). Saintray peut cependant venir aussi de *sentarium*, sentier. — *Mille-Sentes*, mille-broussailles, a donné la Milcendière et le nom propre Milcent.

Les Ronces, *rubus*, et en basse latinité *runco*, *roncale*, ont donné la Rubinière et le nom propre Rubé, les Rinçons, le Champ Rinçoux, la Rinçonnière, la Ranconnière, les Rous- siennes, Gringal et Gringalet, où le g est simplement euphoni- que ; de là aussi les noms propres Rousin, Roussin, la Ronce, la Ronche, la Rousse, et peut-être le Roux.

Les épines (*spinæ*) ont donné l'Epine, l'Epinaye, les Epinettes et les noms propres Lépine et Delépine.

Le prunier sauvage ou prunellier, appelé aussi *belocier* ou *blossier*, à cause de ses fruits appelés *béloces* ou *blosses*, a donné son nom aux Blociers et aux Blociels.

Le chardon a donné la Chardais, la Chardotière, la Chardinière, et de là les noms propres Chardron, Chardon, Chardot, Chardet, Cardey, et peut-être Chardin, qui peut cependant aussi venir de Jardin.

La fougère, *filix*, *filgeria*, a donné Fougères, Fougerolles, Feugères, Feugerolle, Feugettes, Fougeray, les Fougerais, les Fougeraies, et peut-être aussi la Fouchéraie et la Foucherie qui cependant ont probablement un autre origine; de là aussi le nom propre Fougeray.

Les fleurs, en général, ont donné la Fleuriais, la Fleurière, et les noms propres Fleury et Fleuret.

Les arbres en général, *albores* en basse latinité, et surtout les arbres blancs ou trembles *albaræ*, *albarella*, ont donné les Aubiers, l'Aubellerie, l'Aubrière, les Aubrées, l'Aubrère, l'Auvrière, la Roche-Aubrée (*roxa-albareta*), et les noms propres Aubier, Hauvet, Lauvrière, Aubrée, Dobrée, Dobray. Ces trois derniers noms peuvent venir cependant aussi d'*alba riga*, raie ou terre blanche.

Les rameaux des arbres, *rami*, ont donné la Ramée, d'où le nom propre Ramé. — Le feuillage, en celtique *cœv*, en latin *folium*, a donné la Coverie, la Couvrie, la Gouvrie, la Gouvrière, la Coëfferie, la Souavière (c'est la Coavière avec le c adouci), la Feuillie, la Feuillée, la Fouillée (*foliata*), la Folliolaye, le Feuil, le Feuillet, etc., et les noms propres Couvert, Gouvrie, Gouvry, Feuillet, Folliot et peut-être Folie et Lefol; mais ces deux derniers noms, aussi bien que la Folie et Folleville nous paraissent avoir une autre signification.

L'aulne ou vergne a donné l'Aunay, Launay, les Aulnais, les Aunaies, Aulnay, et les noms propres Launay, Delaunay, des Aunays, Daunay, Daunel, Aulneau, Vernier, Vergnaud et Bernier. — De *vergn*, vient aussi le Vertbois.

Le hêtre, *fagus* ou *fustis*, qui domine dans les bois et les forêts de l'Avranchin, est un des arbres qui reparait le plus souvent dans le nom de villages. De *fagus* et de ses dérivés *fagulus*, *fagia*, *fagiola*, *fagiolum*, *fagala*, viennent Le Fay, les Faix, Beaufay, la Felaye; de *fustis*, viennent Le Fouteau, la Foutelaie, le Fouteau-Canu (cagneux), Beaufou, Beaufour, la Foulée, le Fou, la Futaye, la Fougnaie, Sous-le-Fût, Piéfût (*podii-fustes*). — De là viennent aussi les noms propres Faguais, Le Faguais, Fayel, Fayet, Dufou, Dufouc, Desfoux, Dufour.

Le bouleau (bêtulus) a donné les Bouls, Champ du boult, le Boulet, la Boulaie. Cependant plusieurs villages, appelés la Boulaie, peuvent venir et viennent probablement de au *boaulia*, étable à bœufs. — De bouleau, viennent les noms propres Boulet, Boulay, Boulais, Boulot.

Le chêne a donné son nom aux villages appelés la Chênaye, le Chesnot, le Chesnay (probablement), de là aussi probablement les noms propres Chesnel, Chesnay, Chesnais, le Chêne, Duchesne, Chênot, Quesnel, Quesnay, Quesnot. — De chêne, directement ou par l'intermédiaire des noms propres ci-dessus énoncés, sont venus les noms des villages appelés la Chesnellerie, la Chesnelière, la Chesnotière, la Quesnière. Le Quesnoy, près Avranches, a été ainsi nommé par la famille du Quesnoy, venue de la haute Normandie. Par son nom latin *robur*, le chêne a donné la Rouërie, la Royrie, le Rouvre et Rouvray.

Le coudrier a donné le nom aux villages appelés la Coudraye, les Coudrayes, le Coudray, et les noms propres la Coudre et Coudrette.

Le saule, *salix* et *salicaria, salicinaria, salicetum*, lieux plantés de saules, ont donné la Sallais, la Saussais, Saussey, les Saules, la Saudrais, et, comme nous l'avons dit, très probablement Sacey. Il y a plusieurs villages appelés la Saunerie; cela peut venir de ce qu'on y vendait du sel ; tout cependant nous porte à croire que c'est *salicinaria*, Saussaye ; mais la rue Sauguière et les voies Saulnières sont bien la rue et les voies des Saulniers. — De *salix* viennent les noms propres Salle, Salé. Il y a quelques villages appelés le Cerisier, et qui tirent leur nom du cerisier. — Le prunier a peut-être donné Pruneray et la Pruneraye ; mais, comme nous l'avons dit, c'est douteux. Le tremble (*populus tremula*), a peut-être donné son nom au village et au bois de Tremblay, à Champcey ; mais c'est une étymologie qui nous paraît douteuse, bien que nous n'en trouvions pas d'autre. — Le pommier a donné son nom a beaucoup de villages comme nous le dirons ci-après, le poirier, à quelques-uns ; il y a en effet des villages appelés les Poiriers et le Poirier ; il y a aussi le Perier ; c'est peut-être le nom populaire du poirier ; mais il peut aussi signifier une carrière ou un lieu pierreux.

Il reste à parler de deux arbres auxquels, ce nous semble, on a donné trop d'importance dans les étymologies : c'est le meslier, ou néflier, et le frène.

Il y a beaucoup de villages appelés le Meslier, les Mesleries, la Mellerie, la Mellaie, le Melous. Nous sommes surpris
que M. Le Héricher, très distingué botaniste, voie dans tous
ces noms des plants de méliers ; car le meslier ou néflier n'a
jamais été cultivé en grand ; on sait du reste qu'il est de nature
sauvage et rebelle à la culture ; il ne souffre pas qu'on le taille et
se plaît sur les haies et dans les broussailles ; c'est un sauvage
qui ne s'apprivoise guère, à moins qu'on ne le greffe sur une
épine, et encore il faut le laisser pousser comme il veut. Pour
nous dans ces Méliers, Mélais, Melleries, Mesleries et Melous, nous
voyons des *malaria*, c'est-à-dire des plants de pommiers. — Il peut
se faire cependant qu'un meslier remarquable, se trouvant près
d'un village ou d'une maison, ait fait appeler cette maison ou
ce village, le Mélier. Mais cela n'est pas arrivé souvent.

Le frêne a deux noms latins, *ornus*, l'ornelle, et *fraxinus*, le
frêne. Il y a un village appelé l'Ornelle ; c'est bien le frêne. Il y a
un village appelé l'Ornière, c'est peut-être pour l'Ornelle ;
mais l'Ornière peut venir aussi de *losne*, excavation
large et profonde, vallée. Il y a un village à Chevreville,
appelé Saint-Frène, lisez Cinq-frènes ; c'est encore bien le
Frène. Il y a un village à Chassegué, appelé l'Aufrène. Ici
nous commençons à avoir des doutes, ce peut être *ad-
fraxinum*, le village près du frêne ; ce peut être *alta fraxinus*,
le Haut-Frène ; mais nous croyons plutôt que c'est *altum frexinum*,
le haut défrichement, ou le défrichement de haut, par rapport
à d'autres qui ont été faits dans la vallée. Il y a beaucoup de
villages appelés le Frêne, la Frênaye, les Frênayes ; nous avons
la commune du Frêne-Poret. Dans le Calvados, il y a Frêne ;
dans le canton de Percy, il y a Cheffrène ; ailleurs, plusieurs Fresnay. Nous ne croyons pas à tant de plants de frênes, d'autant
plus qu'on n'en voit pas aujourd'hui, — d'ailleurs le frêne ne
croît pas bien partout. Nous croyons qu'aux Fresnayes près de
Mortain il serait difficile de trouver un frène ; le bois voisin du
village est un bois de hêtres. Au Frêne-Poret, les frênes sont bien
rares, si même il y en a. Tout en admettant que le frêne a pu
donner son nom à quelques localités, nous croyons que dans
les localités qui portent ce nom, il faut le plus souvent voir
frexinum, ou *frescinum* (de *frisk*, défrichement), et non *fraxinus*.
Le Frêne-Poret est bien un défrichement ; c'est une terre prise

sur les bois. Cheffresne qn'on interprète *catafraxinus*, le frêne
creux, nous paraît bien être plutôt *cavum frexinum*, le défrichement creux, ou le défrichement de la vallée; car l'église de Cheffrène est au fond d'une vallée.

Il y a encore le houx qui a pu donner son nom aux villages
appelés le Houx, les Houx; mais, comme nous le dirons plus tard,
les noms de Houssaie, Houssère, Hussière, ne viennent vraisemblablement pas de là; on juge trop sur les apparences.

Pour terminer cet article, disons quelques mots des chemins
et des passages. Ils ont donné aussi leur nom à quelques localités. Le *via* des latins nous a donné Livoie, littéralement la voie;
ly est l'article qui commence à s'introduire dans le XIIᵉ et le XIIIᵉ
siècle, peut-être avant. — *Via*, dans la basse latinité, eut des diminutifs, peut-être *Vionna* et *Vietta*, pour signifier une petite
voie; de là Le Vionnais, village de Saint-Laurent-de-Cuves, sur
un petit chemin qui conduisait à Saint-Pois, mais n'était suivi
que par ceux qui marchaient à pied; ce chemin, dans la vallée
d'Enfer n'étant pas praticable pour les voitures, ni même pour
les chevaux. De là aussi les villages appelés Viette et la Viette.
Carerria, et *carrectaria*, est un mot de basse latinité qui signifie
la voie pour le passage d'une charrette; de là le nom de la Char-
rière.

Cava via, voie creuse, nous a donné Chavoy (*cav-voie*). —
cava via signifiait également un chemin creux, d'où le nom des
villages appelés la Cavée. — *Calciata* signifiait un chemin chaussé,
une voie élevée au dessus du sol pour traverser des marécages;
de là le nom de Caugé, près Pontorson; de là aussi les villages
appelés la Chauchais, Chauchon.— Les chemins empierrés s'appelaient Perrées.

Le mot chemin qui, selon M. Le Héricher, vient du danois
Caman, a donné son nom à plusieurs hameaux. Il y a les
hameaux du Chemin, du Grand-Chemin, des Fourchemins,
c'est-à-dire les chemins qui se bifurquent. — D'autres se nomment le Carrefour parce qu'ils sont près de deux chemins qui se
croisent. — *Sentita* et son dérivé de basse latinité, *senterium*,
sentier, ont donné la Sente, et peut-être Saintray.

Nous avons déjà signalé le mot celtique *ussel* comme ayant
le sens de passage ou de chemin, dans le village de la Gohannière appelé bourg d'Oissel; nous croyons le retrouver encore

dans Cerisel. C'est le nom de plusieurs villages ; et le seul que nous connaissions est à Ducey. C'est un village situé sur un ancien chemin ; et nous croyons que son nom lui vient de *kerussel*, village du passage ou de la voie.

Gathe, en celtique, signifiait un passage difficile ; le sens de ce mot est le même que celui de porte ; on le trouve dans Gathemo, *gaiha-montis*, qui est bien en effet la porte de la colline située entre le bassin de la Sée et celui de la Vire. C'est le point où la route d'Avranches à Vire franchissait la crête de cette colline, et passait d'un versant sur l'autre. C'est là qu'elle le franchit encore.

Passais, la Passe, les Pas, signifient un passage. Ces mots viennent du latin *passus* ; mais cela n'indique pas toujours qu'une route importante passait dans les lieux qui portent ce nom. Il y a la commune de Les Pas que jadis on écrivait Espas, comme on écrit encore Espas, village de Tirepied. Cela vient de ce qu'au lieu de dire à Les Pas, on disait ès Pas, et on avait fini par écrire Espas dans un seul mot.

Il y a des villages appelés le Porche, la Porte, le Portail ; cela signifie pareillement des lieux de passage. Il y a même le Portail-aux-Dames, qui n'a assurément rien de beau. C'était un lieu sans doute par où passaient quelques châtelaines pour se rendre à l'église, ou regagner leur logis.

Fossa et *Fossatum*, en basse latinité, signifient quelquefois une petite vallée, et souvent simplement un chemin. Beaucoup de villages sont nommés la Fosse ou le Fossé ; ce sont des villages situés dans une petite vallée ou sur le bord d'un chemin, en sorte qu'on ne peut dire le sens de ce nom qu'en voyant le lieu auquel il est appliqué. Il y a des *Fosses* sur les buttes ; elles sont ainsi appelées soit simplement parce qu'elles sont sur le bord d'un chemin, soit parce qu'elles sont à l'entrée d'un vallon.

Il y a à Saint-Laurent-de-Cuves la Lifosse ; c'est simplement un carrefour sans habitation. Le sens de ce mot est bien clair ; c'est l'article ancien *ly* et *fossa* ou *fossæ*, littéralement les chemins. En disant la Lifosse, on redouble l'article.

Callis, chemin, sentier, n'est resté peut-être que dans la composition de quelques mots ; mais *tricalium*, rencontre de trois chemins, s'est parfaitement conservé dans les noms des villages appelés la Trigale et le Trigalet. C'est le lieu où se rencontrent *tres calles*, trois chemins ou trois sentiers, et non *tres-Galli*, trois gaulois ; comme on l'a dit c'est *tricalium ;* comme Tregots qu'on écrit Trois goths est *treiss-goz*, le passage du gord ou de la rivière ; il ne faut y chercher ni trois ni quatre goths.

Trama, sentier, a donné la Tremerais.

Les sentiers pierreux *pista*, d'où le français piste, ont donné le nom à la Pistière, d'où le nom propre Pitel, qui a donné la Pitellière.

Le mot latin *rota* qui, en basse latinité, a pris le sens de route, et le diminutif *rotellum*, ont donné La Rote, Les Routils ou petites routes. — Le mot *ruga*, qui a pris le sens de rue et de chemin et ses diminutifs *rugula, rugella*, etc., expliquent le sens des noms des villages appelés la Rue, les Rues, les Ruelles, les Ruettes, le Clos-de-Rue.

V

Habitations. — Races différentes

Les noms différents portés par les habitations des différents peuples qui ont successivement habité l'Avranchin, et leurs différentes nationalités, sont restés à beaucoup de villages, et sont devenus les noms propres de beaucoup de familles.

Nous avons déjà signalé le mot celtique *ker*, habitation, village, dans Servon commune et village, dans Champcervon, dans Chérencey, noms de deux communes, Chérencey-le-Roussel et Chérencey-le-Héron, dont les affixes sont des noms de seigneurs. Nous l'avons signalé dans Cerisel. Il pourrait bien se trouver aussi dans Charruel, à Sacey, *ker-hœl*, habitation élevée. La situation semble confirmer cette origine. Se trouve-t-il dans Crollon, Carolles, Cormeray, comme le pense M. Le Héricher ? C'est possible ; mais nous ne le croyons pas. Crollon nous paraît être *cro-land*, la terre du marais, et Cormeray, *cro-*

mariscus, le marais du marais. Dans Carolles, nous sommes porté à voir *Campus-Rolf* ou *Roll*, nom de quelque pirate normand qui sera venu l'un des premiers se fortifier sur cette hauteur. Champeaux et Carolles nous paraissent rappeler d'anciens camps. On y en voit en effet des traces. Mais *ker* nous parait certainement se trouver encore dans Les Chéris, jadis appelé Eschariz, comme de les Pas on avait fait Espas. Les Chéris vient de *Ker-ifs*, le village de l'eau ou des eaux ; il est en effet sur le bord d'une petite rivière. *Ker* ne se trouve pas non plus, ce nous semble, dans Chalendré. Chalendré, croyons-nous, a le même sens que Chalenge, c'est *Calengatum* ou *Chalendratum*, la terre en litige ou en dispute, c'est-à-dire une terre que deux seigneurs se disputaient. — Le *ail*, ou le bois d'André, conduirait plus régulièrement à Chalandrey ; nous ne croyons pas que ce soit cela, n'ayant trouvé nulle part ailleurs le nom d'André, qui d'ailleurs en ces temps reculés n'était pas souvent en usage.

Astrac, en celtique, signifiait une habitation ; mais les latins avaient *astracum* qui offrait le même sens, et nous croyons que les noms de villages appelés l'Aistre ou l'Être viennent plutôt du latin que du celtique, d'autant plus qu'ils se trouvent presque tous dans des terres défrichées. Il y a beaucoup d'Aistres ou d'Estres dans la forêt de Lande-Pourrie et aux environs, l'Estre-Chevalier, l'Estre-Fougeray, l'Être-aux-Lièvres, l'Etre-aux-Francs, etc. ; on les distingue habituellement par un nom d'homme ; mais Atray, village de Saint-James, fort ancien, pourrait bien venir du celtique *Astrac*. — Nous avons un village appelé l'Etranger ; il faut lire probablement l'Être-Anger. — D'*astracum* vient le nom propre Delètre.

Area et en basse latinité *aira*, aire, et par extension maison, ferme, a donné l'Aire ; plusieurs villages portent ce nom, et, comme les Estres, on les distingue par un nom d'homme.

Astaticum a donné Athée, village de Céaux. — *Hayrelium*, maison de campagne avec dépendances, a donné Herel et Airel. — *Atriola*, petites maisons, a donné les Etrieux, nom cependant qui pourrait bien venir d'étrilles, et dans ce cas signifierait une auberge où l'on payait fort cher. — *Burgus*, du germain *Burg*, ne signifie pas un bourg proprement dit, mais simplement une réunion d'habitations, n'y en eut-il que deux ; ce mot a donné le Bourg, la Bourgère, la Bourgerie, la Bourgeottière (petit bourg), le Neuf-Bourg, nom d'une commune et de plusieurs villages, les Neufbourges, (novus-burgus). Les Neufs-bourgs sont quelquefois très anciens ; et les Vieux-bourgs sont de plus récente origine. *Burg* a donné aussi le Bourgeais et le Bourget ; de là les noms propres le Bourg, Le Bourgeois, Dubourg, Bourgeois, Le Bourgeais, Bourget.

Le scandinave *Bud*, latinisé *bola*, village, habitation avec des propriétés délimitées par des haies en terre (*bolae*), a donné les Boudières, la Bodinière, la Baudonnière, la Bedonnière, la Boutinière, et de là sont venus les noms propres Boudet, Boudier, Bodin, Baudet, Baudon, Vaudon, Boutin, Boudent, etc., qui signifient originairement habitant d'un *bud* ou d'une *bola*. — *Bud* entre dans la composition du nom d'un grand nombre de villages ; il y a la Biboudière (*bi-bola*), la Guiboudière (*Viti-bola*, le village de Gui), la Coboudière, (*collis-bola*, village de la colline), et autres que nous signalerons. *U* se changeant facilement en *i*, on a fait de *bud*, *bid* ; d'où la Bidoisière, et les noms propres Bidois et Bidet.

Le mot *casa*, domaine à la campagne, par ses dérivés en basse latinité, *casina*, *casineium*, (réunion de petites cases), *casinaria*, *casinarium*, *caia*, *cagia*, *cagium*, *crasinaria*, a donné le nom d'un très grand nombre de villages. De là sont venus probablement la Chaîne, Chainey, Chesnay, le Chennier, le Chanier, la Chaînière, la Channière, la Chênelière, la Cage, la Cagerie, le Cain, les Cains, la Coignière, la Craisnière, d'où le mot populaire *crânière*, par désigner une mauvaise petite maison. — *Casa* par lui-même a donné la Chèze, la Chaize-Baudoin, nom d'une commune ; c'est *casa-Balduini*, la Chaize de Baudoin de Moles, qui avait de grandes propriétés dans cette contrée. — De *casina* est venue aussi la Casserie, la *Cassinière*, et le nom de Cassin.

De *cohors*, basse-cour, et par extension domaine à la campagne, devenu en basse latinité *cortils* et *curia*, sont venus les noms de Curey, commune de l'Avranchin, Courtils, autre commune du canton de Ducey, la Cour, les Cours, la Courtillère, Courteilles, la Courtaudière, et les noms propres de la Cour, probablement même le Court, le Courtiller, Courteille.

De *cohors* viennent aussi la Corie et la Cœurie et les noms propres Lecorre et Cœuret.

Herbergagium, en basse latinité, maison, a donné l'Erbranger, et *heriberga*, qui a le même sens, nous a donné la Herfraie.

Flectaria, formé de *flectere* ou *plectere*, habitation ou haie faite de bois entrelacés, a donné la Fleûtière.

Le saxon *fald*, latinisé *falda*, bergerie, étable, et par extension ferme, village, a donné le Faux, les Faux, la Fautrie, la Fautrais, le Faubrais, (*fald-braia*, village boueux), la Fautrellerie; de là les noms propres Fautrad, Fautrel, qu'on chercherait à tort dans *Falstrad*.

Fœus, feu, habitation, a donné les Feux, la Fouquère, la Fouetterie, la Fouqueterie, la Foucardière, et les noms propres Desfeux, Desfoux, Fouqué, Foucaut, et Foucard, qui ont pu donner eux-mêmes le nom aux deux derniers villages.

Facienda ou *fazienda*, en basse latinité, ferme, a donné la Faisantière, village de Saint-Brice.

Caulae, bergerie, et par extension ferme, a donné la Caulerie, la Caulière, la Colardière, et probablement la Gaulerie et la Gaulardière, d'où le nom Gaulard.

Le latin *habitare*, dont on a fait *habitus* avec le sens d'habitation, a donné le nom aux villages appelés l'Habit et la Bitardière, mot mal orthographié, et ainsi écrit pour l'Habitardière (*habitus-hart*, le coteau de l'habitation); la Bitardière est en effet sur un coteau au midi de la Sée. Si l'on veut une étymologie plus régulière, ce serait *bud-hart*, qui a le même sens.

Cruca, crémaillère, et par extension lieu où l'on pend la crémaillère, c'est-à-dire maison, a donné le Cruchet, la Crocherie, et peut-être le Grousset. — De là les noms propres Cruchet et Cruchon.

Le germain *croft*, petit enclos avec une maison, a donné les Clos, les Closets, la Crotte, la Croute, les Croutes ou Crouptes. De là Duclos, Desclos. De là probablement aussi le nom du village appelé les Corps pour les Crops, et par Desclos, la Desclosière.

Calusum, enclos, et particulièrement enclos planté de vignes, avec habitation, a donné la Calusière et la Galuce.

Hag, latinisé *haia, haga, hagum*, etc., que l'on donne comme un mot d'origine scandinave, nous paraît appartenir aussi à la langue

celtique, et la signification en est très variée. Il signifie quelques
fois, mais assez rarement, une enceinte fortifiée par une double
palissade dont l'entre-deux était rempli de terre. Il a ce sens dans
la Haie-terre, à Saint-James ; il peut avoir ce sens dans La Haie-
Paynel, la Haie-du-Puits, où il y eut des châteaux fortifiés. —
Quelquefois il désigne un enclos dans une forêt ou dans un bois
pour y garder le gibier, et par suite le bois tout entier, comme
le bois de La Haie entre Gathemo et Vire. Mais beaucoup plus
souvent ce mot avait le sens que nous lui donnons aujourd'hui
et désignait une clôture quelconque ; et comme les habitations
étaient souvent faites de bois entrelacés et enduits d'argile, le
mot haie signifiait simplement une habitation ; de là tant
de villages appelés la Hague, la Haguerie, la Hacherie, la
Haie, les Haies, Sous-les-Haies, les Haizes, la Haizière, la Haize,
la Haguette, le Haizet, le Hec. — De là aussi les noms propres
la Haie, de la Haie, Deshaies, le Haguais et peut-être, de la
Hache. Du diminutif *hagina*, viennent les Heginières.

Ham, habitation, mot scandinave qui pourrait bien en même
temps être celtique, a donné le Ham, le Hamel, le Hameau, le
Hamet, et les noms propres Hamel, Hamellin, Hamelot, Hamelet,
Hameray, Ameline, Amelot, et soit directement, soit par
l'intermédiaire de ces noms propres, la Hamelière, la Hame-
linière, la Hamelinais, la Hamelotière, les Amelotières et les
Amelinières. Ces noms sont très répandus. — Hambès vient
de *ham-by*, l'habitation du village, ou le village des habitations.

Hall, latinisé *hallus*, maison, mot d'origine qui nous paraît
bien incertaine, et qui pourrait appartenir à plusieurs langues
anciennes, a donné le nom aux nombreux villages appelés la
Halière, les Hallières, la Hallerie, le Halley, la Hallère, la
Hallotière, le Hallis, la Hallourie, le Jalours, pour Hallours,
le Halloux. De là le Mont-Jalours, mont voisin du village
appelé le Jalours, Monthalle, et Montalloux, *mons-hal* le mont
de la maison ou des maisons, ou les maisons du mont. De là
aussi les noms propres Hallais, Halley, Hallier.

Cabanna, maisonnette, hutte, a donné les Cabannes.

Casula, diminutif de *casa*, a donné la Chaulourie, par *casularia*
et même peut être la Chaloisière. Le français hutte a donné la
Hutte, la Huittière et la Huttière.

Le Plessis est le nom d'un certain nombre de villages et ce nom peut venir de *placitum* et de *plexeium*. *Placitum* ne peut guère s'entendre que d'une maison seigneuriale, et peut signifier le lieu où le seigneur tenait ses plaids, ou peut-être plus souvent le lieu de son choix, le lieu qu'il aimait comme son habitation. C'est le sens que, dans de vieilles chartes, paraissent lui donner quelques seigneurs lorsqu'ils parlent de leur plessis, ou des terres situées près de leur plessis. — *Plexeium* n'est qu'une clôture de bois entrelacé (*plectere*). Aussi, le plessis signifie souvent la même chose que la Haie. — De *placitum* ou *plexeium* viennent les noms propres Plessis et Duplessis. — Le Placitre vient aussi de *plectere*, et a le même sens que plessis, clôture de bois entrelacés.

Le latin *palum*, pris dans le sens de pieu, a donné *palitium* et *paldum* ou *palatum*, lieu entouré de pieux avec habitation ; de là la Palicière et le nom de Palix. Le village de la Palicière se trouve à Sourdeval, et le nom de Palix y est encore bien commun. — A Saint-Laurent-de-Cuves, il y a la Marpaudière. C'est *march-paldum*, l'enclos du marais, ou près du marais. Au bas du coteau se trouvent en effet des prés très humides. — D'une Marpaudière, vient le nom de Marpaud. — Du latin *pangere*, enfoncer, on a fait *pixum*, *paxillum*, pieu, *paxatum* et *paxellatum* ou *paxilleium*, lieu entouré de pieux ; de là Pacé, Pacilly, Bacé et Bacilly par suite du changement assez fréquent du *P* en *B*. Bacilly nous parait signifier un lieu où il y a des enclos et des habitations; il est difficile de trouver à ce nom de commune une autre origine. De là aussi les noms propres Pacé, Pacilly et Bacilly.

Les mots de basse latinité *parcus*, parc, et *parcare*, parquer ou enclore, ont donné le Parc, les Parchets, la Percherie (*parcaria*), les Perches, les Perchettes, la Percerie. De là les noms propres Duparc, Dupart, Leparcois, Perchaux, Pergeaux.

Calamus, dont on a fait chaume et chaumière pour maison couverte en chaume, a donné les Chaumières, les Chaumettes, la Chaumerie, les Chommes, les Echommes.

Pagus, village, est resté dans Pincey (*paganicum*), et dans les noms propres Pays, Payen et Lepesant. Ce dernier a donné le nom à la Pesantière. — On le trouve encore dans le Pays Froger, village de la froge, ou du fro.

Praevellara, entourer d'une haie, a donné la Prévetière et la Prévellière, d'où les noms de Prevel et Préval.

Tot, saxon, signifiant habitation, est resté dans Thoué, et le moulin de Thoué, jadis Toi, entre Subligny et Lolif; peut-être se trouve-t-il encore dans le nom de la Tuittière, qui peut venir aussi de *tectum*.

Tugurium, *tuguria*, habitation, est resté dans les Tigeries, d'où le nom propre Tigier, c'est-à-dire qui habite sous un toit.

Tegula, tuile, et par suite couverture et maison, a donné la Tuilerie, peut-être un lieu où l'on fabriquait des briques, mais plus probablement un toit, la Tullerie, la Tullière; de là les noms propres le Tulle, le Tullier, Toullier, le Tulier, Tuault, noms qui peuvent signifier habitant d'un toit, ou bien couvreur de toits. Le Tulle a donné la Toulonnière.

Le mot de basse latinité *solare*, *solarium*, ferme, domaine, a donné la Solerie et la Solière.

Concise, village de Saint-James, vient de *concisa*, clôture. Cependant, ce même mot signifie aussi un bois mis en coupes réglées, un taillis.

Mazura, mot de basse latinité, qui signifie ferme, petite ou grande, et quelquefois simplementt maison, a donné la Masure, les Mazures, le Masurage, les Mazurais, la Mazurie, le Mesurage et les noms propres Mazure, Desmasures, La Mazure, Delamazure, Le Mazurier, Mazurage.

Metata, maison, a donné le nom propre Le Métais. — *Mansio*, habitation, a donné le nom du village de Manson, jadis Manchon, au Teilleul, et les noms propres Manson et Manchon.

Mansus qui signifie une habitation avec dépendances, a donné les noms propres Mansel ou Mancel, Lemains, Maincent, et par ses dérivés *Mancella*, *Mancellaria*, *Mansavia*, en même temps que par les noms propres ci-dessus, le Mancel, la Mancellière, la Maindière, la Maindochère (*mansi oscha*, le champ de l'habitation), la Maincendière, la Mansavière.

Masium, maison, a donné les Maisons, les Més, et une multitude de villages appelés le Més, auquel est joint un nom d'homme, le Mès-Henri, les Mès-Bruns (pour le mès des Lebrun), le Mesmont (pour le mès du Mont), le Mès-Durand, le Mé-Guillaume, etc. La Menoraire, est le mès-de-l'eau (*or*); c'est un village sur un cours d'eau. Moidrey est *masium-Drogonis*, le

Mès de Drey ou Drogon, comme Mesnildrey est le manoir de Drey ou Drogon, *Mesnillum-Drogonis*. — Les Mistoudins (*masia tolina*) signifient des maisons qui ne tiennent pas debout, des cabannes. — Mesange et la Mesangère (*masia angeri*, pour *armigeri*), signifie la maison d'un écuyer. — *Masium* a donné les noms propres Le Mée, Mezières, Mazier, Le Mazier, Mesange, de Mesange.

Mesnillum a donné le Mesnil, et tous les noms de commune appelées le Mesnil, Mesnil-Gilbert (*Mesnillum-Gilberti*). Gilbert est le nom d'un seigneur franc. — Mesnil-Adelée s'appelait autrefois Mesnil-Ranger, c'est encore le nom d'un seigneur, qui fut remplacé par un autre nommé Adelée ; ce nom Adelée est encore assez commun dans les environs. Me·iltove est, comme nous l'avons dit, le manoir de *la tuffe* ou terre légère. — *Mesnillard* s'écrivait jadis Mesnileslard, Mesnilallard ; c'est le mesnil d'Allard ou des Allards. — Jadis le nom d'Allard était assez répandu dans les environs ; il était porté par une famille noble. — Mesnilrainfray est le mesnil de Raginfred ou Rainfray. C'est un seigneur de ce nom qui a pareillement donné son nom aux villages appelés Rainfray et la Rainfresne. — Mesnilbœufs, est *mesuillum-bolae* ou *mesnilli-boda*, le mesnil du village, ou le village du manoir. Mesnilthébault et Mesnilozenne ont gardé les noms de leurs seigneurs primitifs, Thébault et Ozenne. De *mesnillum* sont venus les noms propres Mesnil et Du Mesnil.

Massa, maison ou habitation avec quelques dépendances, a donné probablement la Massonnerie et Messey. — De là viennent les noms propres Massie, Massy, Massieu, Macé, Macey, Massé, Masselin.

Manerium, manoir, a donné le Mesner, le Menet, le Manet, le Manoir, Beaumanoir, le Mesnier, Meigney, le Mignon, Magny, et les noms propres Dumanoir, Beaumanoir, Mesner, Manet, Meigney, Magné, Maignan, Meignan, Le Meignan, Mignon, Le Mignon, Leminier.

Manerium a encore donné soit directement, soit par l'intermédiaire de ces noms propres, la Mignerie, les Mignères, la Mignonnerie, le Mignonage.

Maisnada, *maisnadum* ou *mesnagium* qui signifient maison, ménage, ont donné le Mesnage, la Mesnagerie, la Menardière, la

Menàtrière, et les noms propres Le Mesnager, Le Mesniger, Mesnage, Maynard et Menard.

Le latin *villa*, habitation à la campagne avec un domaine, a donné la Ville-Berge pour Ville-Dierge, *villa* sur la Dierge, Folle-Ville, qu'on peut interpréter *lolli-villa*, *villa* de la vallée, *foliata-villa*, *villa* ombragée, mais qui est plus probablement *follis-villa*, et dont nous parlerons plus tard, Ville perdue, probablement village ruiné, le Village, le Petit-Village, la Villagerie. -- De là le nom propre Levillayer, Laville. *Villacula*, petite *villa*, a donné la Villette, Vauvillette (*vallis villacula*) et le nom propre Villette. *Villare*, qui, dit-on, signifie un domaine plus important que *villa*, a donné Villiers, nom de commune et de village, d'où les noms propres Villiers et Devilliers. Chevreville, qui peut désigner simplement une biqueterie, peut être aussi la *villa* ou maison de Caper. Il y avait des Romains qui portaient ce nom, aussi bien que celui de *Lupus, Taurus* et *Ursus*. — *Villenagium* qui rappelle le villenage, c'est-à-dire un droit exercé par les seigneurs sur leurs sujets, les vilains ou roturiers, a donné la Vilennerie, la Vilennière, Villagné et Vilaines; d'où les noms propres Villain, Le Villain, Levillin, Villaines et de Vilaines.

Hoba, huba, huva, mot que nous croyons d'origine germanique et qui signifie habitation avec des dépendances, et dans certaines conditions, a donné le nom des villages appelés la Huverie, la Hoberie, et les noms propres Huvé, Huby, Hubin, Lehuby, Huet, Hus et Hue, Huart, Houet, Juhé et Juers (*Huvarius*); la lettre *h* se change quelquefois en *j* et réciproquement. L'origine donnée à ces noms par M. Le Héricher est vraiment étrange. — Le *hoba* existait en bien des lieux qui n'en ont pas pris le nom. — De *hoba, huba, hubarium*, peut venir le nom propre Hubert, qui a donné son nom à la Hubertière.

Sala, mot germanique, a donné la Salle, demeure seigneuriale, et le nom de la Salle.

Hostellum, en basse latinité, maison, de *hospitale* a donné l'Hotel. Il y a plusieurs villages de ce nom à Saint-Cyr-du-Bailleul. De là le nom propre Lhoste.

Hostellarium pour *Hospitalaria* a le même sens; de là l'Hotellerie et l'Hotellier.

Dominium et *dominicum* ont donné le Domaine, le Demaire et Demanche. Dumaine, nom propre, signifie plutôt un Manceau.

Braka, broche ou pieu pour former des enclos, a donné la Brocherie, la Brochardière, et les noms propres Brochard, Brochet. En langue vulgaire, un enclos fait avec des planchettes ou des barreaux debout, reliés par des traverses et çà et là fixées en terre au moyen de poteaux, se nomme encore un *satin-braki*, *septum bracalum*.

Le germanique *huus*, *hous*, dont les Anglais ont fait *house*, maison, habitation, a donné Husson, Heussé, nom de deux communes du canton du Teilleul où les Francs paraissent s'être établis en grand nombre, et où l'un de leurs chefs sans doute a laissé son nom au village de Gomer; Ouessey, dans le même canton, et probablement Aucey, qui est ainsi écrit, ce semble, pour Haussey, quoiqu'on trouve le nom de cette commune jadis écrit Alsey, ce qui signifierait un lieu bas. — De *huus* viennent aussi les nombreux villages appelés la Houssaie, la Houssairie, la Houssère, la Houssière, la Housserie, le Houssay, le Houssel, la Hussère, la Husserie, la Hussinière, la Hussonnière, la Hautonnière (de *hous-tun*, côte de l'habitation); il ne faut pas, croyons-nous, chercher l'étymologie de ces mots dans le houx, qui souvent y est rare, si même il s'y trouve. De là les noms propres Husson, Houstin, Houssin, Houssard, Houssais, Heuzé, qui à son tour a donné la Heuzerie. De là aussi probablement le Houx, Houeix, Houet.

Hairelium, domaine à la campagne, a donné la Harelière, la Harellerie, Hérel, le Hirel, le Hurel, et les noms propres Harel, Hirel, Lehir, Lehirel, Lehurel, Hurey et Lehurey, qui ont donné le nom à la Hurellière.

Hara, écurie, et par extension ferme, a donné la Herais, la Herangère (*hara-angeri*, pour *armigeri*, l'écurie de l'écuyer), la Héronnais, la Hérannière, et probablement les noms propres Hiron et Hirou.

Le latin *mannus*, cheval, a donné les Mannes, lieu où l'on élevait des chevaux. — *Manualia*, animaux domestiques, bêtes de somme, a donné la Mannouillère, c'est-à-dire la ferme.

Capri et *capræ*, les boucs et les chèvres, ont donné Cavron, la Chèvrerie, les Chevris, noms qui signifient biqueteries; et de là les noms propres le Chevrier, Chevrel, le Chevretel, Chevreul. — Le nom de la commune de Chevreville pourrait aussi venir de là; cependant, comme il a été dit, a cause de *villa*, qui signifie un domaine, nous croyons que c'est plutôt l'habitation de Caper, nom propre.

Hutardus, bouc, a donné la Hutardière. C'était une biqueterie. — Le germanique *buck*, bouc, sur lequel nous reviendrons, a donné les Bougons et les Bougonnières, et le nom propre Bougon.

Had, germanique, habitation, maison, a donné la Heudière, la Houdière, la Hudière, la Houdinière. De là les noms propres Heudes, Eudes, Heudiard, Hodin, Houdin, Oudin, Oudinot.

Had entre dans la composition de plusieurs autres noms, Méheudie, la Maheudière, la Manheudière, la Mancheudière. — Dans les deux premiers de ces noms, *masium-had*, on remarque la répétition du même mot en deux langues différentes, comme dans Montbray et Mont-Thorin. C'est maison de la maison ou du mès ; Manheudière et Mancheudière sont le même mot ; l'introduction du C devant la lettre H n'est pas rare. Ce pourrait être *man-had*, l'habitation de l'homme ; mais nous sommes porté à croire que c'est encore une répétition du même mot, comme dans les deux cas précédents : c'est *mansi-had*, la maison de la maison ; de là les noms propres Maheu, Mahieu, Maheust, Manheust.

Plancetum, maison en planches, a donné Plancey, et le nom propre Plançon.

Cotta, petite maison, a donné la Cotière, et peut-être la Cotardière, Cotte-blanche (*cotta-alba*) ; les noms propres Costard, Costey, Coste, peuvent aussi venir de là, mais signifient plus probablement habitant d'une côte. Lacotte paraît bien venir de *cotta*.

Laubja, germanique, latinisé *logia*, *lodia* (habitation), a donné le Logis, les Loges, noms de plusieurs villages et de deux communes, les Loges-Marchis ou Loges-frontières, et les Loges-sur-Brécey. — De ce mot viennent encore les noms des villages appelés Leudrie, Leutres, et peut-être Logerie, qui toutefois peut bien être ainsi orthographié pour l'Orgerie ; de là les noms propres Desloges, Lelogeais.

Gow, mot germain, qui signifie village, latinisé *gobia*, a donné la Goubinière et la Goubière, peut-être la Gouvière, et les noms propres Goubin, le Goubin, Goubier, Gobé, Goubaux, Legoubey, Le Couvey. Ce dernier nom cependant, aussi bien que Couvé et Couvert, peut venir de *cœv*, lieu ombragé.

Le Casoar, village de Sourdeval, vient de *casalare,* domaine dont les tenants étaient assujettis à certaines redevances envers le seigneur.

La Chevelière, de *Chevel,* indique l'habitation principale, le chef-lieu d'un fief. La Chevalais et la Chevalerie (*caballaria,* de *caballus,* cheval), indiquent quelquefois une terre de chevalier, mais souvent aussi ce mot paraît simplement indiquer une ferme où l'on élevait des chevaux.

Armiger, écuyer, en basse latinité, *anger,* a donné le nom à la commune d'Angey, qui signifie terre d'un écuyer ; l'arrivée de seigneurs angevins dans ce lieu est une pure invention ; il y est bien question de seigneurs qui habitaient la ville d'Angers. et avaient des possessions à Angey, mais ces seigneurs étaient partis d'Angey ou des environs. Ils étaient parents ou alliés des de Neufville. — D'*anger* vient le nom des villages assez nombreux appelés l'Angerie ou Langerie, ce qui signifie terre d'un écuyer. — De là aussi Gazengel, nom de village et nom d'homme ; on dit encore dans le peuple *Gagenger ;* c'est *gagium angeri* ou *gagii anger,* le bois de l'écuyer ou l'écuyer du bois. — Le Chalenge de Lange, est la terre en litige de l'écuyer. — D'*anger,* viennent les noms propres Angey, Anger, Lange, Langevin, Langeron, Lanjuin, Lanjuinais, Langenais.

Boveria, bovaria, lieu où l'on élevait des bœufs, signifie une ferme ; il y a beaucoup de villages de ce nom, et de là les noms propres Bouvet, Bouvier, Le Bouvier, éleveurs ou gardiens de bœufs, ou simplement habitants d'une bouverie ; de là aussi les villages appelés la Bouvellière, la Bouvellerie. — Boyère, d'où vient le nom propre Boyer, en bas latin, *boaria,* a le même sens que bouverie ; mais ce nom peut venir aussi de *boaria,* lieu boueux. — *Boularium,* étable à bœufs, a donné le Boulard. — *Bularia, bulardia,* ont donné le Buloyer, le Billouard, la Bilouère, et le nom propre Billouard. — *Bobellum,* étable à bœufs, a donné Poubelle.

Bovata, bouvée, est une mesure agraire dont l'étendue n'est pas bien certaine ; les uns disent ce que deux bœufs peuvent labourer dans un jour, d'autres ce qu'ils peuvent labourer dans un an. Cela nous semble plutôt répondre à ce que le peuple appelle encore la tenue de deux bœufs, deux vaches et un cheval. — Ce mot a donné la Bouvée, la Chaude-Bouvée (*causs-*

bovata, la Bouvée de la lande), la Buffetière (*bovata terræ*). De *bovata*, parait venir le nom propre Bouvattier.

Les brebis ou plutôt les bergeries de *vervex, berbex, berbicaria*, ont donné la Bercoisière.

Les porcs et le mot *sudes*, retraite à porcs, vulgairement *sou*, ont donné les noms de Soudée et Soudairie. Il y a beaucoup de Soudairies; ce sont des lieux où l'on élevait des porcs. Il y a aussi des Porcheries, *porcaria*; mais ce mot ne paraît pas avoir le même sens que Soudaierie, et désigne plutôt des lieux boueux comme ceux où les porcs aiment à se vautrer.

Asinaria, asinarium, lieu où l'on élevait des ânes, a donné l'Anerie, l'Asnière, Esnard, les Esnauldières, et de là aussi les noms propres Lane, Lasnon, Esnard, Esnault, Esneu, Esnoult.

Burdus, mulet, a donné la Bourdinière, le Bois-Bourdin, peut-être aussi la Burdaiserie et le Bourdonnet; mais ces mots ont probablement un autre sens que nous donnerons ailleurs. Les vaches ont donné la Vacherie et la Vacquerie, et aussi les noms propres Vache et Levacher. — *Vaccaria*, vacherie, signifiait un lieu où l'on nourrissait un certain nombre de vaches, de vingt à cinquante; mais peu à peu ce mot prend la même signification que ferme.

Beschata ou *beschia*, la béchée de terre, n'était pas plus que la bouvée une mesure fixe, et les définitions qu'on en donne ne sont pas plus précises. C'était, ce nous semble, une terre inférieure à la bouvée, dont le tenant n'avait pas assez pour nourrir les bestiaux destinés à traîner la charrue; mais cela ne paraît signifier ni ce qu'un homme pouvait bécher dans un jour, ni ce qu'il pouvait bécher dans une année. Cela ne signifie pas non plus que toute la terre fût cultivée avec la bêche, mais simplement qu'il n'avait et ne pouvait avoir de lui-même que la bêche pour la cultiver, pouvant d'ailleurs emprunter de d'autres ce qui lui manquait. *Beschata* et *bescia* ont donné les Bessières, la Bécherie, la Bechetière, et les noms propres Bescherel et Bechet.

La charruée de terre, *carrucata*, de *carruca*, pris dans le sens de charrue, désigne une portion de terre sur l'étendue de laquelle on n'est pas plus d'accord que sur la béchée, et la bouvée; et cela ne nous paraît pas désigner non plus une contenance bien délimitée. Il nous semble que cela signifie une terre qu'on peut labourer en temps convenable, dans un an, avec une seule charrue et un seul attelage ; c'est une terre plus étendue qu'une bouvée ; mais, comme d'ailleurs la bouvée et la bechée, cela supposait que la portion de cette terre la plus considérable était en labour et non en prairies ou pâturages ; en d'autres termes, nous croyons que la bechée était une très petite ferme, la bouvée, une petite ferme, et la charruée une plus grande ferme, sans être cependant encore très étendue. *Carrucata* paraît avoir donné les noms des villages appelés Cheruet, Cheruel, Cherueix et Charruel, et les noms propres Choret, Chorel, Joret, qui peuvent venir aussi de *cohors*. Charruel, à Sacey, paraît avoir une autre origine et signifier habitation sur une hauteur (*ker-hel*).

La Davée ou Daviais, *davata terrae*, mot dont nous ignorons l'origine, est signalé comme étant en usage chez les anciens écossais pour désigner aussi une certaine portion de terre cultivée; mais on ne le signale point dans la Neustrie. Nous croyons cependant qu'il s'y trouve et qu'il y était aussi en usage du temps des gallo-romains ; de là nos villages assez nombreux appelés la Daviais, la Davière et les noms propres David, Davy, Davin, Davoust. Davy surtout est un nom très commun dans l'Avranchin. A la rigueur, on peut faire venir ces noms de David, nom donné au baptème et devenu patronymique; mais nous croyons plutôt qu'ils viennent de *davata*, Daviais ou Davée.

Quelquefois des portions de terre étaient cédées à plusieurs habitants qui les faisaient valoir en commun, et qu'on appelait *commanentes*, c'est-à-dire qui habitent ensemble ; de là les noms des villages appelés Commant, le Commun, Roche-Commun, la Commune.

Bel est un mot germain ou saxon qui signifie une terre partagée en portions égales, chacune avec enclos et habitation. De là le nom des villages appelés la Boëlle et le nom propre Boëlle.

Boria, borellum, borderia, sont des noms de basse latinité qui signifient domaine à la campagne. Borderie signifie quelquefois terre à la frontière, mais souvent a le même sens que *boria* ; de là la Borie, Boré, Borel, le Val-Borel ou Vauborel, la Borderie, et les noms propres Borel, Boret, Vauborel, de Vauborel, le Bordier, la Borderie, Buret, Debordes.

Buron est un vieux mot qui signifiait proprement une retraite à porcs, et par extension une petite chaumière, une cabane. De là le Buron et le bois Buron ; de là le nom propre Buron.

Balliolium, bajula, ballivia, bajardia, en basse latinité signifient ferme. De là les noms de villages appelés Bailleul, le Bailleul, la Baillardière, la Bajardière, peut-être Baluet, la Beslière et la Beslotière, et les noms propres Bailleul, Bailly, le Bailly, Baillache, Baylet, Beilet, Bellait, Baluet, Belliard, Belloir, qui tous signifient fermiers. — Le Bailleul à Saint-Cyr vient peut-être de *bail,* lieu élevé et fortifié ; les autres Bailleul sont simplement des fermes.

Fixum en basse latinité signifie limite ; de là le Fix, habitation ou village près d'une limite.

Firma en basse latinité signifie ferme ; de là la Ferme, et peut-être le nom propre Firmin.

La Fermandière, de *firmanda,* signifie une terre donnée en gage ; la Rabeudière, pour l'Arrabeudière, d'*arrhabo,* gage, a la même signification. — La Fiancère de *fidentia* ou *fidancia,* fideicommis, Plu, le Plochin et la Plochère, de *plevium* ou *plegium,* qui a la même signification, désignent des terres qui ont été données à quelqu'un pour être remises à un autre.

Picouray, de *pecora* ou *pecoria,* en basse latinité, signifie un lieu où l'on élevait des troupeaux, c'est-à-dire une ferme.

Policiarius, gardien de troupeaux, a donné la Policière et le nom propre Police.

Les différents peuples qui ont successivement occupé la Neustrie ont aussi laissé leur nom dans beaucoup de villages.

Les Francs ont donné leur nom aux villages appelés la France, la Francière où les Francières, la Françaisière ; et de là les noms propres François, Lefrançois, Lefranc, Le Francier, c'est-à-dire habitant d'une France, d'une Francière ou d'une Françaisière.

Les Allemands ont donné l'Almandière ; et de là le nom propre Lalleman, et probablement Almin.

Les Bretons armoricains qui ont longtemps disputé l'Avranchin aux Normands, ont laissé les Bretonnières, la Bretais, la Bretellière, la Bertais, les Brettes, les Brettières, et de là les noms propres Lebreton, le Bret, Bretais, Bretelle, donné dans la suite aux habitants de ces villages.

Les Normands ont donné leur nom aux villages appelés la

Normandie, la Normandière ; et de là le nom propre Le Normand.
On appelait aussi les Normands, les Norais ou Nordais, c'est-
à-dire les hommes du Nord ; de là les lieux étrangers à l'Avranchin appelés Norray, la Norrais ; et les noms propres Le Norrais
et le Nordez. — Comme leur jurement habituel était *by gott*,
par Dieu ; on les appela les *Bigots* ; de là les villages appelés la
Bigotière, la Bigoterie et les chemins appelés chemins de *bigottes*,
c'est-à-dire des chemins normands. De là aussi les noms propres
Bigot et Lebigot, qui signifient Le Normand.

Les latins appelaient Albains les étrangers (de *Albani*, les habitants d'Albes-la-Longue) ; et de là le mot aubain en usage au
moyen-âge, et le droit d'aubaine. De là aussi le nom d'Aube-
nais, porté par plusieurs villages.

Ils appelaient aussi les étrangers des barbares, *barbari* ; c'est
probablement l'origine des villages appelés la Barberie, la
Barbière, la Barbinière pour la Barbarinière. — Faire venir ces
noms de *barberius*, barbier, nous paraîtrait un peu forcé. De là
les noms de Barbières, Barberin, Barbier, Barbé, Barbey, et
peut-être aussi Barbot ; car il y a aussi des Barbotières, qui
peuvent être une abbréviation de Barbarotières ; mais ce mot
parait avoir une autre origine. Entre la conquête romaine et la
conquête par les Normands, on sait qu'outre les Francs, beaucoup
de colonies d'autres peuples se sont fixées dans la Neustrie.
Ces étrangers étaient tous des barbares pour les Gallo-Romains.
Il y a des villages appelés Coulonce, *colonica* ; cela peut rappeler
une colonie ; mais souvent *colonica* signifie aussi une petite terre
qu'un homme peut labourer seul.

VI

Pâturages, Champs, Terres cultivées Défrichements, Métiers

Le latin *pabulum*, *pabula*, a donné les noms de Pabres et de la
Pavrie. *Pastus, Pastura*, dont on a fait en basse latinité *patua* et
pastina, a donné le Pastis, la Pasture, les Pastures, la Patouaisière,
la Patrais, la Patinais et la Patinière, la Pasturelière, et les
noms propres Pasturel, Pasteur (de *pastor*), Le Pasteur, Le
Pesteur, Patin.

Herba-bella a donné la Herbellière, d'où peut-être le nom propre Herbert, qu'on prononce encore dans le peuple Herbet. Et *mala-herba*, herbe mauvaise, a donné Malherbe et la Malherbière. — *Herbidare*, produire de l'herbe, a donné la Herbeudière et la Herpotière. — *Herbajarus*, herbager, a donné La Herbescherie. — *Pratum* et *pratellum* ont donné les Prés, le Pré, Préaux, les Préaux, Prael, la Prefontainière (les fontaines du pré ou le pré des fontaines), Beaupré (*bellum pratum*.)

Nous ne trouvons qu'un mot celtique pour désigner les pâturages ; c'est *albhuin*, haut paturage, qui nous donne l'étymologie d'Aubigny, village de Ponts, et des Aubinières, nom de plusieurs autres villages, dont un aux Biards.

Pour les Celtes, *brog* et *osch* étaient deux mots qui désignaient les champs ; le mot *brog* est resté dans le nom du village de Bro à Céaux ; et le mot *osch* est resté dans quelques villages appelés l'Ouche et les Ouches. De là le nom propre Delouche, c'est-à-dire du champ. Ce nom reste aussi probablement dans l'Oscendière, qui semble devoir s'interpréter *oschae andita*, le passage des champs, ou les champs, situés sur le chemin ou passage. Mais nous ne donnons cette interprétation qu'à défaut d'une meilleure.

Berria, mot de basse latinité, désigne un terrain uni, une petite plaine droite. Ce mot a donné la Berrière, village du Petit-Celland, où le terrain est assez uni surtout si on le considère comparativement aux autres localités de la même commune. De là le nom propre de Le Berriais.

Plasne, la plaine, signifie un terrain généralement plat, ou du moins ni mouillé ni boisé. Le Planitre indique un terrain aplani.

Le mot latin *campi* désigne habituellement les champs, et *campelli*, les petits champs. *Campelli*, Champeaux, nom de commune, nous paraît rappeler de petits camps ; et il en reste en effet des traces. Les Champillons, la Champillonnière dont on a fait la Championnière, signifient des petits champs ; de là les noms propres Champ, Ducamp, des Champs, Champion. La Champagne vient de *campania*, *campi*, les champs.

La mesure agraire des Romains était l'acre. Le nom en est resté dans les villages appelés les Acres, l'Acrière, l'Agriais, l'Acriais, et dans les noms des pièces de terre appelées les Acres.

Ils avaient ou adoptèrent aussi la Vergée, *virgata*, d'où les villages appelés les Vergées, les Cinq-Vergées, les Sept-Vergées, etc. Mais le Verger et les Vergers, en basse latinité, *virgetum*, *virgeta*, signifient des lieux plantés d'arbres fruitiers.

Le mot saxon *deal* ou *deil*, ne semble pas indiquer à proprement parler une mesure agraire, il signifie portion de terre, partage ; il a donné le nom à plusieurs localités. De là vient le Teilleul, nom de commune. Nous l'avons déjà fait remarquer, les Francs occupèrent en grand nombre le canton du Teilleul, et on y trouve plusieurs noms qui ont manifestement une origine germanique. Ils se partagèrent cette contrée, et le nom de *deil*, division, partage, s'est conservé dans le Teilleul ; c'est la terre partagée. Ce mot s'est également conservé dans les localités appelées Deil, le Theil, le Thay, Tilly, la Dillandière (*deal-land*, terre partagée). L'arbre appelé tilleul peut bien avoir donné son nom à quelques villages nommés le Tilleul ou le Tillolet ; mais ce n'est certainement pas lui qui a donné son nom au Teilleul, ni aux Deil, ni aux Theil, ni aux Thay.

Les Francs paraissent avoir importé deux mesures agraires dont nous ne connaissons pas la contenance, le bonnier, (*bonarium*, *bunarium*), et une autre mesure appelée *andcinga*, que nous croyons reconnaître dans les villages appelés les Ansoudières. Il y a aussi un village appelé le Bonnier, un autre appelé le Bois-Bonnier, et un troisième appelé la Bonnerie. De Bonnier nous paraissent venir les noms propres Bonnel, le Bonnier, et peut-être Lebon. Le mot Bonnier s'est conservé encore dans la Beunerie, la Bunolière, la Bunelière, et dans les noms propres Bunel, Bunoult.

Comme on a pu le remarquer, tous les noms donnés aux pâturages sont d'origine latine. Les Gaulois avaient peut-être quelques troupeaux, mais ils s'occupaient surtout de chasse et de pêche, ne faisaient pas commerce de bestiaux ; car les noms des bestiaux ou qui les rappellent sont encore tous romains. On connaît la réponse d'un célèbre romain à un autre qui le priait de lui indiquer trois moyens pour s'enrichir : *pasce*, faites paître... *pasce*, *pasce*. Les Romains, devenus maîtres du pays des Abrincates firent paître, y élevèrent et nourrirent des troupeaux de bœufs, vaches, chevaux, brebis et chèvres. Tout en faisant paître, ils ne négligèrent pas cependant de cultiver la terre et les noms les plus anciens, qui indiquent des terres cultivées, sont encore des noms purement latins ; tels sont *cultura*, la culture, d'où sont venus les noms de villages appelés la Couture, la Coutière, la Coustière, la Cousture. — De là les noms propres la Couture, Couturier, le Couturier, c'est-à-dire le cultivateur.

Aratura, terre cultivée, a donné l'Arturière, l'Artoure, l'Arturerie. Ce furent aussi les Romains qui commencèrent à défricher les terres, les plus anciens défrichements portaient des noms purement latins ; tels les Essarts, *exsarta*, Sartilly, *exsartilla*. Ce nom de commune signifie défrichement, et c'est un nom romain. Mais le plus grand nombre des défrichements ne se fit qu'après l'arrivée des Francs ; car ils portent des noms germains ou des noms qui appartiennent simultanément aux deux langues latine et germaine ; ce sont presque tous des hybrides, tels que les Boussardières (*boscus exsartus*), Lessartbois, (*exsartus boscus*). Les bruyères, les bois prennent la forme latine *bryera, brosia, boscus*, mais viennent d'un radical germanique ; les Jarriques ou lieux incultes, prennent le nom de *jarria*. Beaucoup de défrichements portent des noms purement germaniques, tels la Godefroy, *walda-fresca*, celtique et germanique, Le Frène, Fresnay, Les Fresnayes, *frexcina, frescina* ou *frescinum*, du germain *frisck*, défrichement, Frécul, village de Sourdeval, les Frêles, *fresculum*, petit défrichement, Le Frêche, les Fraîches, le Freschot, *friscus, friscae, friscum*. — *Frevalet* est un hybride, *frescavallis*, la vallée défrichée ; la Fremondière, *frisca mons*, mont défriché, est encore un hybride. — La Guerre, la Guerrye, la Gachetière, noms de villages qui viennent de *gascaria, gascala terra*, sont encore des noms germains et désignent des terres défrichées, quelquefois aussi des terres dont les habitants étaient tenus de labourer les terres de leur seigneur — Ce fut donc surtout après l'arrivée des Francs que les défrichements se poursuivirent avec le plus d'activité ; car jusqu'à leur arrivée, l'Avranchin n'était guère qu'une forêt parsemée de clairières et de prairies, et si les romains avaient déjà commencé la culture de certaines portions, la plus grande partie restait encore inculte.

Quoi qu'ils fussent les vaincus, les latins ne cessèrent pas d'exercer une certaine influence sur leurs vainqueurs ; ce furent eux surtout qui contribuèrent à former la langue, en imposant aux mots étrangers une terminaison latine.

Ce furent les Romains qui introduisirent la culture des arbres fruitiers ; car ils ont encore conservé presque tous leurs noms latins. Nous leur devons la culture de la vigne ; plusieurs localités portent le nom de Vinières, Vigne, Bigne, et quoique les mots bigne et vigne puissent quelquefois ne pas signifier une vigne, comme nous l'avons déjà dit, ils ont cependant quelquefois cette signification. Du reste, nous trouvons des preuves de la culture de la vigne dans l'Avranchin dans une multitude de chartres. Il est parlé plusieurs fois dans le *Livre vert* du chapitre d'Avranches de la vigne du *Campus-botri*, ce que l'on a traduit bien maladroitement par la vigne de Champ-du-Boult ; car il est dit expressément que le *Campus-botri* était à Vains ; et si le vin trancheboyau d'Avranches n'était pas estimé, il est bien certain cependant, que dans un temps il était presque le seul dont on se servît dans le pays.

Les Romains introduisirent dans le pays la culture du pommier. Nous en trouvons la preuve dans les nombreux villages appelés la Malais, la Mâlerie, la Mêlerie, les Mêleries, le Mêlous, le Melais, le Meslier, et dans beaucoup d'autres noms dans la composition desquels *malus* entre. Ces mots, en effet, ne viennent pas de *Mespilus* (meslier), qui n'a jamais été cultivé en grand. Ils ne viennent pas plus de *mâlais*, nom vulgaire du fumier, mais bien de *malus*, pommier. Nous dirons la même chose de la Malaiserie, de la Malière et de la Malotière. — La Pimautière, semble bien venir de *pugū-malaria*, la pommeraie du coteau. — La Melterie est aussi pour la Malerie ou la Mêlerie, ou vient de *maliterra*, terre du pommier. De là les noms propres Le Mâle, Le Meltier, Lemesle, Lemelle, Melais, Melays et Mallet, qui signifient cultivateurs de pommiers. — Il ne peut d'ailleurs y avoir aucun doute pour les villages appelés le Pommier, les Pommiers, la Pommeraye, le Pommereux, etc. De là le nom propre Pommier. Ils introduisirent la culture du poirier et du cerisier que Lucullus avait apporté de Cerasonte. Mais ces cultures se répandirent moins que celle du pommier ; il y a cependant des villages appelés le Poirier et les Poiriers ; il y en a aussi quelques-uns appelés le Cerisier, et des noms propres qui viennent de ces deux arbres, Cerisier, Poirier, Perrier. Ils introduisirent aussi la culture du prunier ; mais est-ce le prunier qui a donné son nom aux villages de Pruneray et de la Pruneraye? nous en doutons, comme il a été dit ci-dessus.

Ils introduisirent la culture du lin et du chanvre, témoins les villages appelés la Linière, la Linetière, la Lunière, la Lunetière (pour Linière et Linetière), les Linettes, etc. — La Chenevière, la Chenevelaie, etc. — De *Linum* vient le nom propre Dulin.

Ils cultivèrent plusieurs sortes de blé. Le nom de l'avoine, *avena* est resté dans les villages appelés l'Aveinière et Pain-d'Aveine. Le nom de l'orge, *hordeum*, est resté dans les villages appelés l'Orgerie, l'Orgère, Lorgeril. — Elle a laissé son nom de paumelle (*palmella*, ainsi nommée à cause de ses épis dont les grains sont disposés en forme de palme), dans la Paumerie et la Paulmerie. Les Francs cultivaient beaucoup l'orge parce qu'ils s'en servaient pour la fabrication de la bière ; mais ils cultivaient encore davantage le blé blanc, *blance*, ou seigle, dont ils se servaient surtout pour cette boisson qu'ils appelaient aussi *blance*.

Blance a donné son nom à un grand nombre de villages et d'hommes. De là tous les villages appelés la Blanchère, la Blancherie, la Blanchardière, et les noms propres Blanchère, Leblanc, Blanchard, Blanchais, Blanchet, qui signifient brasseurs de bière.

Le nom *bled* (*bladum*) n'est pas venu des latins, mais, dit-on, des scandinaves ; nous croyons aussi facilement et plus facilement, des francs ou germains. Ce mot *bled* qui désigne le froment et en général toutes les céréales, a donné le nom d'un grand nombre de hameaux, Blet, Lieublet (*locus bladi*). *Blaia, Bladaria,* (on disait jadis les *blederies,* pour les différentes sortes de blés), ont donné Blaye, la Blairie, la Bliais ; *Bladataria,* lieu où l'on ramasse le blé, a donné les Blotteries ; et de là sont venus les noms propres Blestel, Blet, le Blastier, Biard, Blot.

Maia, tas de bled, grange, a donné la Méancerie, la Mayantière et les noms propres Méance, le Mezantier.

Nubilar, hangar pour battre le blé, a donné la Noblerie et Noblet, et les noms propres Lenoble et Noblet qui signifient batteurs de blé.

Granetae, graneria, grangeria, les granges, ont donné les Granges, la Grange et Grangeray.

Le labourage, *gagnagium* (gain, parce qu'en labourant la terre on en tire profit), a donné la Guesnonnière, la Gainetière, la Gainière, la Gagnerie et la Chaignonnière, et les noms propres Guesnon, Guesnier, Caignon, Chaignon, Le Gagneur.

Les limites des champs, *lagenae*, ont donné le nom des villages appelés Lagenière, Lagendrie, Lagendrée, qu'on orthographie à tort la Genière, la Gendrée (c'est *Lagenaria*).

Le mot gueret, du germain *warret*, a donné les Guerets, la Guerotière et le nom propre Guéret.

La coutume de labourer la terre deux fois avant de l'ensemencer, en basse latinité *remenare*, a donné la Remaineirie, les Remainières, la Remainière, la Remeneudière, les Ermeneux, et le nom propre Ermeneux, c'est-à-dire qui laboure la terre deux fois. De là vient aussi ce nous semble l'expression populaire *faire du rangeais*, c'est-à-dire charruer la terre une première fois. C'est *remenandum*, ce qui doit être charrué de nouveau.

Scillo, scillum, en basse latinité, sillon, a donné les Sillons, Sion, le Sionnay, le Sion, les Seyères, et les noms propres Séhier, Seheust, Sionnet, Selles, Sellier, Le Sellier, Silard.

Riga, en basse latinité, sillon, raie, a donné le nom à beaucoup de villages, et de là viennent aussi beaucoup de noms propres. Il s'est souvent modifié en *ruga, rida*, et de ce mot viennent Roye, Roi, nom de plusieurs villages, la Ridellière, les Rigauldières, la Richerie, la Riceudière, la Richardière, la Richeudière, la Ricolais, la Ricolière, la Ricudière (*ricae-leal*), la Réolière (*ricae-loll*), la Reilière, les Reslières, Longrais (*longa-riga*). — Richebourg et la Richebourgère (*ricae-burgus*), Rouel, (*rugolum*, petite raie), etc. De là viennent aussi les noms propres Lerez, Lesrez, Lesrel, Leray, Leroy, Roi, Rigault, Rigot, peut-être aussi Ruaut, Rouault, Ruaut, Rault (qui cependant peuvent venir de *ruga*, village), Richer, Richard, Le Riche, Richeux, Le Ricolais, Ricolais, La Rouelle, Rouel, Ridel, Royer, Le Royer, Le Rouyer, Le Rouiller, Rouillé, Rouillon, Delongrais, etc., qui tous signifient homme qui fait des raies, c'est-à-dire laboureur. De là vient aussi le nom du village d'Obray à Dragey, et le nom propre Aubrée. Obray, *alba-riga*, blanche raie, est ainsi appelé parce que sans doute la terre est sablonneuse et de couleur blanche. Il y a d'autres villages appelés

Anbrais ou les Anbrées, qui tirent leur nom d'*albaretum*, lieu couvert d'arbres, et d'où peut venir le nom d'Aubrée.

Le latin *palea*, paille, a donné les Pallières, nom de villages et de nombreuses pièces de terre ; de là les noms de Pallier, la Pallière, de la Pallière, et peut-être Pallu, qui pourrait venir aussi de *palus*. Les terres mauvaises ou la paille et le blé ne croissent que difficilement, ont donné la Gapaillère (*gâte-paille*) et le bois-Gatbled. Le nom propre Gatbled signifie un homme qui habite une mauvaise terre, et gâte ou perd le blé qu'il y sème ; mais ce n'est pas un ravageur de blés. Le nom propre Gadbled ou Gatbled était jadis commun à Saint-Martin-le-Bouillant, la Chapelle-Cesselin et les environs ; ce ne sont pas en effet des terres bien fertiles.

Le pic, *pica*, *piga*, la houe et la herse (*herpex*), dont il était nécessaire de servir souvent pour le labourage et les défrichements, ont aussi nommé bien des lieux et des hommes. — De *pica* viennent la Picaudière, la Pigannière, la Pigassière, la Pigannerie, peut-être la Picotière et la Pigoustière ; mais nous croyons que ces deux derniers noms doivent être considérés comme ayant une autre étymologie ; de là les noms propres Picault, Picaud, Pican, Pihan, Picois, Piquois, Picot, Piquot, Pigault, Pigasse, Pigace, Pigache, Picard (à moins que ce dernier ne signifie un habitant de la Picardie).

Herpex, houe et herse, a donné la Herpellière, la Herpinière, les Herpinières, qui signifient des terres qu'il faut bêcher avec la houe, ou qui doivent être hersées. De là les noms propres Herpes, Herpin, le Herpeur, Hervy, Hervieu ; de là aussi le nom du village de la Cherplaie, pour la Herpelaie. Il y a aussi des terres qu'il faut émotter ; de là les villages appelés l'Emotterie ou Lemotterie, la Motterie, la Demotterie ; de là aussi les noms propres Delamotte, et Desmottes.

Mediataria, ferme à moitié, a donné la Métairie et le nom propre Le Métayer. Dans certaines fermes on élevait beaucoup de volailles et on en faisait commerce. De là la Pouchardière (de *pussus*, poussin) ; la Pichonnière et la Pichardière (de *pipio*, pigeon, et tout oiseau qui piaule ou glousse) ; dans une partie de la Bretagne, on appelle encore tous les oiseaux des pichons ; nous avons entendu ce mot plusieurs fois dans le canton de la Roche-Bernard. Pouchard, Pichon, Pichard et Pigeon, noms propres, signifient originairement éleveurs ou marchands de volailles.

De *cochetus*, cochet, petit coq, ou plutôt de *cogg*, ou un mot semblable d'origine germanique ou scandinave, sont venus les noms des villages appelés la Cocherie, la Cochardière, la Coquerie, la Coqueterie, la Caqueterie, qui tous paraissent indiquer des poulailleries. — De là aussi les noms propres Le Coq, Coquet, Cochard, Cauchard, Cochet, Le Coquierre, la Coquerie (ces mots peuvent aussi signifier cuisinier, *cocarius*, *coquus*). La Gelinière, et la Gelinaie, de *gallina*, poule, d'où le français geline, offrent encore le même sens. De là les noms propres Geslin et Gislain.

Les oies qui avaient sauvé le Capitole étaient en honneur chez les Gallo-Romains ; et dans l'Avranchin, on élevait beaucoup d'oies, dont le nom en basse latinité était *ocha*, *ochae* ; on en fit plus tard oues et enfin oies. D'*ocha* viennent les noms des villages appelés l'Oisellière, l'Oisonnière, l'Ouyère et l'Ourserie. Les oues, à une certaine époque, devinrent des ours, et la rue aux Oues, à Paris, devint la rue aux Ours. -— De là les noms propres Loysel, Loisel, Loiseau, Loizon.

Dans l'Avranchin, on cultivait très anciennement les abeilles. Cela se comprend d'autant plus facilement que les Abrincates avaient besoin du miel pour faire l'hydromel qui était primitivement leur boisson. Bien que nous n'en trouvions pas dans les noms de villages des preuves aussi nombreuses que pour beaucoup d'autres choses, nous en trouvons encore des indices, sinon certains, au moins fort probables. Le nom de la Mouche n'a jamais varié ; il est toujours écrit *Musca* et ensuite la Mouche. M. Le Héricher prétend que cette ortographe est fautive, et qu'on devrait écrire comme on prononce dans le pays, la Monche, c'est-à-dire le petit mont, parce que l'église est sur une petite éminence. Nous sommes parfaitement de son avis quand il dit que pour connaître l'étymologie véritable d'un mot il faut tenir compte de la manière dont le peuple le prononce ; mais ici la prononciation populaire ne dit rien, et ne tranche pas la question, ou plutôt semblerait elle-même la trancher dans le sens de Mouche ; car dans ce pays on dit les *monches* pour les mouches, comme dans d'autres contrées on dit les *manques* et les *mouques*. D'un autre côté, il est certain que dans le peuple de

l'Avranchin le mot abeille est à peu près inusité; on dit simplement des mouches, quelquefois des *mouches à miel*, des
essaims de mouches, et ce langage n'induit personne en erreur;
on sait parfaitement bien que la mouche par excellence, c'est la
mouche qui donne le miel. Nous croyons donc que le nom de
la Mouche a été donné à la commune de la Mouche, parce
qu'on y cultivait beaucoup de mouches ou d'abeilles. Nous
dirons la même chose de la Mocherie à Saint-Pois et de la
Mochonnière à Coulouvray. Ces noms viennent de *musca* ou
mosca, et le nom propre Mochon, commun en ce pays, semble
signifier gardien d'abeilles. A la Mouche, ou près de la Mouche,
se trouve un village appelé la Mellinière, ce qui semble bien
indiquer un lieu où l'on recueillait du miel. Il y a des
villages appelés la Bristière ; cela vient de *brisca*, rayon
de miel. Vers Montanel il y a la Locherie ; *locherus*,
en basse latinité, signifie gardien d'abeilles. De là les
noms propres Locher et Loquet, qui sont communs en certaines contrées. M. Le Héricher en cherche bien loin l'interprétation, en disant que ces noms désignaient des paresseux qui
se trainaient comme des *loches* ou limaçons ; c'est bien drôle.
Nous ajouterons encore que la qualification de *mellinus* et
mellina, couleur de miel, donnée à deux rivières du pays, le
Melon et la Melaine, supposent que le miel y était d'un assez
grand usage. Ce mot en effet n'est pas fréquemment employé
ailleurs pour signifier la couleur jaune ; de plus, nous trouvons
un village à Bacilly nommé la Pigoustière, un autre à la Chapelle-Urée, appelé la Picotière ; et il est certain que ces deux
mots ne peuvent pas bien s'expliquer avec *pica*, le pic ; ils s'expliquent beaucoup plus facilement en supposant l'orthographe
fautive, et en admettant que ces mots sont pour l'Apigoustière
et l'Apicotière, noms où il est très facile de reconnaître *apicul-
tura*, culture des abeilles. Enfin, que veut dire Apilly ? L'explication la plus naturelle c'est assurément *apileium*, lieu où il y
avait des abeilles. On peut sans doute le faire venir du Germain
appl, pomme, et dans ce cas, cela signifierait une pommeraie ;
mais ce ne sont pas les Francs qui ont introduit la culture des
pommes, et ce serait le seul lieu de l'Avranchin où l'on trouverait le mot employé. Une seule de ces raisons ne prouverait
rien en faveur de notre thèse, mais toutes ensemble nous

paraissent permettre de conclure d'une manière certaine, que dans les temps reculés, on cultivait beaucoup les abeilles en ce pays de l'Avranchin.

On cultivait le millet (*milium*), comme cela se fait encore dans une partie de la Bretagne ; de là la Millière, les Millardières, la Miltière pour la Milletière et Milly, qui, se trouvant sur une voie ancienne, peut cependant tirer son nom de *milliarium*, pierre milliaire ; mais cela n'est pas probable, car dans ce cas le nom de cette commune eût été Millière et non Milly ; ce serait du reste le seul cas ou *milliarium*, aurait laissé son nom dans l'Avranchin. — De là les noms propres Millard et Millet, ou Milet.

On cultivait les fèves ; mais nous ignorons quel usage on en faisait. *Faba*, fève, a donné les noms de villages nombreux appelés les Favières, la Favrie, la Favrais, les Favris. — Il y a aussi la Corcane (gourgane était le nom de la fève des marais). — Nous ferons remarquer cependant que dans les Favries et Favrais, au lieu de semis de fèves, on pourrait voir l'habitation d'un artisan, *faber*. De *faba* ou de *faber*, viennent les noms propres Favier, Lefebvre, le Fèvre, Fabrais, Le Favrais, Le Feuvrier, Février, etc.

Il y avait un certain nombre d'artisans qui exerçaient des métiers divers, des fabricants de casquettes en peau de mouton (*pescia*), et autres, de fabricants de chapeaux ou chaperons (*capellum, capero*). De là les villages appelés la Peschardière, la Peucère, peut-être aussi la Pichardière, la Chapellerie, la Chapellière, la Chapronnais, la Chaperonnière, la Chapinière, et les noms propres Peschard, peut-être aussi Pichard (qui peut également venir de *pipio, pipiarius*), Le Chapron, Chaperon, Chapel, Capel, Chapet, Chapin, Chapellier. Le nom propre Taphorel, vient de *taphium*, vulgairement, *taf*, chapeau.

Il y avait des tailleurs d'habits, *burdasius, gonetarius* (fabricant de vêtements en peau de chèvre, *gonae*) ; de là peut-être la Burdaiserie (mais ce mot peut avoir aussi une autre signification) ; de là la Goneterie, la Gonterie, la Cousinière (de *cudere*, coudre); les Cussets ; (dans la campagne on appelle encore quelquefois les couturières, *cousettes*. De ces métiers sont venus les noms propres Le Bourdais, Bourdet, Gontier, Cousin.

Trouss, mot germanique, qui signifie trousseau, a donné la Trousserie et les noms propres Troussier, Troussel, qui signifient tailleurs.

Il y avait des tisserands ; on fabriquait de la toile, *tela*, *telum* ; de là les villages appelés la Tellerie, les Telleries, et le nom propre Letellier. On fabriquait une sorte d'étoffe épaisse appelée *pannus* ; de là la Panouvière (*pann-opera*) ; la saie, *saga*, de là la Saquetière, la Sagalais. — Tissey, à Dragey, vient de *texere*, et indique un lieu où l'on faisait des tissus, mais sans désignation de l'espèce. — Nos villages appelés la Tessonnière qui peuvent signifier habitation de Tesson, ou lieu où il y avait des hérissons (*taschio*), pourraient bien venir aussi peut-être de *texere*, et indiquer des habitations de tisserands ; cependant, cela nous paraît très douteux ; et *taschio* d'ailleurs pour expliquer le nom de Tesson nous semble également assez peu admissible. — De tisser viennent les noms propres Texier et Letessier.

Il y avait des fouleurs de draps ; de là les moulins fouleurs, les villages appelés la Foulerie, la Foulonnière, et les noms propres Foulon et Le Foulleur. Dans la partie nord de l'arrondissement de Mortain, on fabriquait beaucoup de sas (*sagium*), qu'on allait vendre dans tous les lieux circonvoisins ; de là plusieurs villages appelés la Sagerie, la Sejannière, et le nom propre Le Sage, ou fabricant de sas, encore très commun dans cette contrée ; de là le sobriquet de sassiers sous lequel les habitants de cette contrée sont connus dans le nord du département. L'industrie des sassiers, aujourd'hui tombée, remonte à une très haute antiquité, c'est-à-dire jusqu'au temps où la langue latine se parlait encore dans notre pays.

Il y avait des tanneries, ou du moins des lieux où l'on préparait les peaux d'animaux pour les livrer au commerce. Nous en trouvons la preuve dans les villages appelés la Pelleterie, la Peuvrie (*pelliparia*), la Cordousière, la Cordonnière, la Corbonnière, tous noms qui viennent de *cordubonnaria*, lieu où l'on préparait le cuir. De vieux titres mentionnent l'existence de tanneries au village de la Cordonnière, en Saint-Brice ; on se servait pour la préparation du cuir d'une argile ou plutôt d'un sable blanc appelé courroi (de *corium*, cuir), qu'on trouvait abondamment et qu'on trouve encore dans les deux communes qui portent le nom de Saint-Jean-du-Corail, c'est-à-dire Saint-Jean-du-Couroi.

Les villages appelés la Peltière et la Pellerie peuvent avoir la même origine ; mais ils peuvent aussi indiquer des fabriques de pelles, *pella*.

De là viennent les noms propres Pellier, Le Peltier, le Pelletier, Cordon.

Il y avait jadis des cordiers ; d'où les villages appelés la Corderie, les Corderies, et le nom propre Le Cordier. La Restrivière vient aussi de *restio*, *restiarus*, cordier ; des fabricants de ruches ou bichets pour mesurer les grains, d'où la Bicheudière et la Bichetière ; des serruriers, *serrans*, d'où le nom propre Serrand et la Serrandière ; des charrons, d'où la Charrurie, la Carruagère (*carrucaria*), lieux où l'on fabriquait des charrues et des charrettes. L'Asseraie, l'Asserie, l'Asselinais (de *axis*, essieu), la Jantinière, de *canthus*, roue, ou plutôt jante de roue, indiquent aussi des ateliers de charronnerie ; des bourreliers ; nous avons en effet la Bourrotière, la Bourlière et Le Bourrault, noms qui viennent évidemment de *borra*, bourre, *borellus*, bourrelier, et signifient des habitations de bourreliers.

Il y avait des sabotiers et fabricants de galoches, *gallicarii* ; de à les villages appelés la Gallerie, la Galichière, la Gaucherie, la Gauchardière, la Gogeardière, et les noms propres Galicher, Gaucher, Gauchet, Gogeard.

Il y avait des meuniers et des moulins ; de là les Moneries, les Meuneries, les Moulins, le Mesnil-a-Molleur, les Vieux-Moulins, la Maxendière (de *macina*, pierre meulière, et *macinare*, moudre). — Mais les Moulinières, les Mollières et Moulines, ont, comme nous l'avons dit, une signification différente. La Bleutière et la Bluterie (de *blutare*), sont des lieux où l'on blutait la farine. De là les noms propres Meunier, Le Monnier, peut-être Moulin. — Fardin vient de *fariyarius*, farinier.

Il y avait des boulangers, *pistores*, (de *pinsere*), *tortarii*, *boledangarii*, *focarii* (qui faisaient cuire le pain sous la cendre). De là les villages appelés la Pinsonnière, la Teurterie, la Tourtière, la Tourtierie, la Fouasserie, la Boulangerie, le Bellanger, et les noms propres Pinson, Teurtrie, Le Tourtier, Fouasse, Le Boulanger, Bellanger, Le Bellanger. M. Le Héricher, qui ne veut pas de poésie dans les étymologies et demande qu'on se tienne toujours dans le positif, a cependant vu des tourterelles, vulgairement *teurtes*, dans la Teurterie. — Le nom propre Painblanc ou Painblant, indique originairement une boulangerie où l'on faisait du pain blanc. Or, en basse Normandie, on appelait le pain blanc *choisne* et on l'appelle encore ainsi dans certaines contrées. Le Choisne signifie donc la même chose que pain blanc, et la Choisnetière est l'habitation de Le Choisne, ou le lieu où l'on faisait du pain blanc. Le Pannetier signifie aussi le boulanger, et la Panneterie l'habitation de Le Pannetier.

La Bechane, nom de plusieurs lieux, signifie boucherie. La Bulaine, *boum laniena*, signifie boucherie de bœufs ; la Machellerie, Macherel, viennent de *macellum* et signifient aussi boucherie. Les noms propres Macherel, Maquerel, Machelot, Boulan, signifient bouchers.

Il y avait des fabricants et réparateurs d'armes, qu'on appelait archers, des fabricants de boucliers et de cuirasses. — De là les villages appelés l'Arciz (de *arcista*), l'Arguiton (de *arcuil s*), la Parmule (de *parmula*, bouclier), le Bardet, (de *bard*, cuirasse) ; des boisselliers, d'où les villages appelés la Boissetière, la Boissellière, la Boissellerie, et les noms propres Boissé et Boëssel. — Des fabricants de corbeilles, paniers et vans, d'où la Corbettière (de *corbis*, corbeille), la Corbinière, la Corbière, la Vannerie, et les noms propres Corbet, Corbin, le Corbier, le Corbiller, le Vannier.

Les tonneliers étaient très nombreux ; nous en trouvons la preuve dans les noms d'un grand nombre de villages et dans plusieurs noms propres. Les Vieilles-Cuves, dont nous avons exposé ailleurs la signification, étaient des ateliers de tonnellerie, ainsi que les Cuvettes, village voisin. — A peu de distance se trouvent quatre villages appelés la Garlière, et il y a encore ailleurs plusieurs Garlières. Or, ce nom vient de *garleta*, galon, baril. — La Galonnière offre le même sens ; Boutrie, les Boutrons, Boudron (de *butro*, baril, tonneau), les Bouteillères (de *butellus*, baril, tonneau), la Tonnellerie, les Beziries, les Veziries, les Vezières (de *busa*, *vusa*, baril, tonneau), la Jaille, la Jaillardière (de *jallo* pour *galo*, galon) indiquent des ateliers de tonnellerie ; Bouterolle, Boutry, Bouteloup, Vezard, la Jaille, le Jallais, Jallais, Jallet, signifient tonneliers.

Nous trouvons un nom de village qui nous apprend l'existence de retameurs, c'est la Fourberie, de *forbator*, fourbisseur, nettoyeur, retameur. La Fourberie est à Vengeons qui est en effet par excellence la contrée des retameurs.

Tous ces noms de villages étant très anciens, antérieurs pour la plupart à l'invasion des Normands, antérieurs en grand nombre à l'invasion des Francs, il est donc facile de constater que nos ancêtres Francs, Gallo-Romains, et même Celtes, n'étaient pas des sauvages, qu'ils avaient une certaine civilisation, qu'ils savaient se vêtir et se nourrir; nous allons voir même que leur civilisation relativement à certains points allait un peu loin, qu'ils aimaient peut-être à l'excès la chasse, la boisson, la danse et les jeux. C'est ce que nous constaterons encore par l'étymologie des noms de villages.

VII

Nos ancêtres étaient grands chasseurs et pêcheurs, ils aimaient à boire, à danser, à jouer et à s'amuser.

Il y aurait lieu de faire sur ce point une sérieuse étude de mœurs; mais nous nous bornerons à des étymologies qui en diront assez.

Les Abrincates étaient, comme nous l'avons dit, les *chasseurs de la baie des îles*, et ils méritaient ce nom. Nous avons dit déjà quelques mots de la pêche en montrant qu'ils recherchaient la proximité des rivières. Ils ne perdirent point leurs habitudes en se mêlant aux Romains, et trouvèrent dans les Latins et les Francs des nouveaux venus qui avaient ou prirent les mêmes goûts qu'eux, établirent dans les rivières un grand nombre de *gords* ou pêcheries qui étaient gardées. Quand ils voulaient y prendre du poisson, ils allaient sur ces gords avec de petites barques qu'ils appelaient *gordennes*, d'où est venu le nom de Jourdan (qui pêche sur un gord), et le nom de la Jourdannière; de là viennent aussi les noms propres Gourdin et Gourdan.

On ne se figure pas le nombre des villages dont les noms rappellent des lieux de chasse ou des habitations de chasseurs. Les Chatteries sont très nombreuses et presque toutes à peu de distance du bois. Ces Chatteries peuvent-elles être considérées comme des lieux où l'on élevait des chats? Assurément ce sont des *catt* ou chasseurs qu'il faut y voir. Ce sont des lieux de chasse. Il y a une commune appelée Ferrières, et plusieurs villages de ce nom. Il y a des Ferrées, des Feronnières, des Farulières, des Fericotières. M. Le Héricher, y cherchant des scories de fer, et n'en trouvant pas, a dit de Ferrières : c'est l'habitation de Ferry, nom qui probablement n'a jamais existé dans le pays. Ce n'est pas *ferrum*, fer, qu'il fallait y chercher, c'est *fera*, *feruscula*, *fericola*, des bêtes sauvages, des lapins, des lièvres et autres animaux de ce genre ; tous ces villages sont des lieux de chasse. — De *catt*, viennent les noms propres Le Chat, Chassant, Chassain, Chassay ; et de *fera* viennent Ferey, Feron, Ferru, Ferry, tous noms qui signifient chasseurs.

Plusieurs villages se nomment la Fauvellière ; ce mot vient de *fulvæ*, *fulvellæ*, de petites bêtes fauves ; les lièvres ne sont-ils pas de couleur fauve ? Ce sont des lieux de chasse ; et de là le nom de Fauvel, qui signifie chasseur.

Bersa est un mot germain qui signifie chasse, et nous avons plusieurs villages appelés la Bercerie, et des hommes qui s'appellent Le Ber, Le Berceur.

La Guénaudière est un nom qui ne peut venir que de *venatoria* ; c'est un lieu de chasse. Les Perdrières sont des lieux où l'on chassait des perdrix (*perdix*), et les noms propres Le Perdriel, Perdriel, signifient chasseurs de perdrix. Plusieurs villages sont nommés la Chasse, la Chasserie, la Châzerie, les Cassicaux, de *cacia*, *chacia*, *chazea*, *cassica*, mots de basse latinité qui tous signifient chasse. En donnant ailleurs l'étymologie de Chassegué, nous avons interprété ce mot gué de la chasse en attribuant au mot chasse le sens de chemin planté d'arbres ; mais c'est bien plutôt le gué du lieu où l'on allait chasser ; car c'est à l'entrée des bois, et jadis les bois s'étendaient jusque-là. A peu de distance se trouve la Couverture. C'est un défrichement qui rappelle un fourré où allaient se réfugier les animaux poursuivis par les chasseurs (*coopertorium*, le couvert).

Les villages appelés la Traverserie, d'où le nom propre Travers, tous situés à la limite des bois (*trans-bersam*), indiquent que ces bois étaient des lieux de chasse.

Tous les villages appelés la Bûcherie, la Boucherie, la Bicherie, et les noms propres Le Bouc, Le Bucher, Le Boucher, Boucher, Bouchard, Bûcher, Boscher, Bochin, La Biche, Bichain, viennent de *buck* et *bick*, mots germains qui désignent le mâle et la femelle des animaux sauvages. Ces noms signifient donc tous des lieux de chasse, des chasseurs ou vendeurs de venaison. Le Bois-higneust (*boscus-hinniculorum*) rappelle bien aussi un lieu de chasse. Les Guerinières, Garennes, Garandes, Grandières, Varinières, Grandais, Guérinettes, Grandinières, noms de villages qui sous une forme ou une autre se trouvent dans un grand nombre de communes, rappellent encore des lieux gardés pour la chasse ou pour la pêche (*warenna*). De là viennent aussi les noms propres Guérin, Garin, Varin, Vary, Legrand, Grente, Grandais, Grandin, Legard, Lelegard, et probablement Legeard (pour Legard).

La Têtaire (de *teta*, pigeon ramier), était un lieu de chasse; la Duretetierre (*dour tetaria*) en était également un. Nous avons déjà parlé des Sauvagères.

Pour la chasse, on dressait des oiseaux de proie et particulièrement des faucons. Ces oiseaux de proie se nommaient en basse latinité *falco, fulcus, capus, gyrofalcus* ou *gyfalcus*. De là les villages appelés la Fauconnière, la Faucherie, Feugettes, la Feuchellerie, la Faucherie, la Chaptais (*captorius*), la Guiffaudière, la Giffaudière, la Giffardière et les noms propres Faucon, Fauchon, Feucher, Foulcher, Foucher, Le Chaptois, Giffault, Giffard, qui signifient éleveurs de faucons.

S'il y avait tant de dresseurs de faucons, c'est une preuve bien manifeste qu'on en faisait grand usage.

Si les lieux de chasse étaient nombreux, les auberges ou lieux de rafraîchissements l'étaient aussi, même dès l'époque gallo-romaine; car les noms des auberges sont parfaitement latins pour le plus grand nombre. Ainsi nous avons beaucoup de villages appelés la Gannerie, la Gânerie, la Gasnerais, le Gânerey. M. Le Héricher fait dériver ces mots de *gann*, trahison, et en fait des terres de felon. Nous avons bien à la Haye-Pesnel et à Périers-en-Beauficel, le château de Ganne qui doivent s'interpréter ainsi : le premier de ces châteaux était celui de Foulques Paynel qui se révolta contre Louis IX, et le second appartenait à Geoffroy d'Harcourt, qui livra la Normandie aux Anglais. Mais les Ganneries, Gâneries et Ganerais, ne viennent pas de là; qu'on ouvre un dictionnaire latin quelconque, on y trouvera *ganea*, auberge, taverne. Il y a aussi beaucoup de Pilières et des Pilons; or, *pila*, en basse latinité, signifie auberge. Il y a la Tavernerie, et *tuberna* est un mot latin qui signifie auberge ; en basse latinité *popina* fut abrégé en *pina* ; de là les nombreux villages appelés la Pinière, la Pinetière, la Pinellière, la Pinotière, la Pinochère, la Pintière. Les noms propres Ganné, Gasnier, Garnier, Garnot, Pillet, Pillay, Pilon, Poupinel, Pinel, Pinet, Pineau, Pinot, Le Painteur, Letavernier, signifient aubergiste. Turpin (*tur-pina*) signifie aubergiste de la côte ; Pilevesse (*pila-weiss* signifie aubergiste du marais. — La Poissonnière ou Poissonnerie, et la Pissotière, sont encore des auberges. Ces mots viennent du bas latin *pusca*, vin coupé d'eau, d'où l'on a fait *puscatoria*, lieu où l'on vendait cette boisson ; et comme le vin du pays n'était pas bon, cela faisait de mauvaise boisson, selon l'expression populaire, de la *piscantine*. La Pitissière, la Petiotière (de *pitissare*, goûter la boisson, se désaltérer), étaient des auberges. Les Coutants (de *constantes*, lieu où l'on s'arrête), rappellent une auberge. Les nombreux villages appelés la Detourbe (de *disturbare*, d'où le mot populaire détourber), étaient des lieux où il y avait des auberges qui arrêtaient les voyageurs, les détourbaient. Le Biot, nom de plusieurs villages (de *butellum*, barrique ou tonneau), signifie auberge ; le Valbiot est l'auberge de la vallée. — L'Aubourgère vient de *albergaria*, mot de basse latinité, auberge. Taupin, le Taupet, la Taupinière, le Toupet, la Tapinière, noms de villages, viennent du germain *taub*, vendre à boire, et désignent des auberges ; de là le mot populaire la *taupe* ou la *taupette*, pour la bouteille. Le mot *estaloc*, de basse latinité, et qui signifie encore auberge, a donné Ethan, l'Etochet, et les Etochets. D'Ethan est venu le nom propre Ethan, homme de l'auberge. La Chopinière, la Valauberge (auberge du vallon), le Chalopin et la Chalopinière (*cail* ou *halli-pina*) rappellent encore d'anciennes auberges. Il y a même des Bevettes et Buvettes assez anciennes. Si l'on joint à toutes ces auberges éparpillées dans la campagne celles qui se trouvaient immanquablement dans les lieux de jeu et de danse, on verra que le nombre en était très grand, et qu'il ne faut pas accuser les Normands d'avoir introduit dans le pays l'habitude de boire ; les Gallo-Romains et les Francs se tiraient déjà bien de cette besogne.

Mais quelle était la boisson en usage avant l'arrivée des Normands ? Les Gaulois avaient probablement l'hydromel ; les latins introduisirent la culture de la vigne et l'usage du vin ; ils introduisirent aussi la culture du pommier, et nous croyons qu'ils furent les premiers à extraire le jus des pommes ; mais pendant longtemps on ne sut en faire qu'une boisson acide et qui n'était pas agréable. Ce ne fut que vers le xii° siècle que l'on commença à faire le cidre dans de bonnes conditions. Mais la bière avait été précédemment la principale boisson du pays, et on la fabriquait dans le pays même avec le blé blanc, *blance* et *brace*, le seigle et l'orge ou paumelle ; aussi, comme nous l'avons vu, cultivait-on spécialement ces deux sortes de blés. Les mots qui les désignent signifient aussi brasseries et même bière. Il nous parait certain que *brace*, brasserie de bière, a donné le nom à deux communes de l'Avranchin, Brécey et Précey. *Bracé* signifie blé blanc, brasserie et bière ; Précey est le même mot et a le même sens ; le changement du *B* en *P* est fréquent. Ce qui nous confirme dans l'opinion que Brécey était un lieu où l'on brassait la bière, c'est d'abord son voisinage de plusieurs ateliers de tonnellerie, les Cuves, les Cuvettes, les Garlières ; en second lieu, c'est qu'à Brécey se trouve la Gestière, nom qui fait penser au gest ou levain de bière. C'est qu'à peu de distance, sur le territoire de Cuves, se trouve la Brecherie, *braciaria*, c'est-à-dire la brasserie. Plusieurs autres localités nous paraissent aussi signifier brasserie. Brecquigny se tire parfaitement de *brachinum*, qui signifie brasserie. Les villages appelés Bressolaie, Bressolière semblent bien venir du bas latin *bracialaria*, brasserie. La Sebillère, que nous avons indiquée comme ayant pour origine *sabulum sabularia*, lieu sablonneux, peut venir de *sabaia*, bière, *sabalaria*, brasserie. Les Cambières, qui peuvent signifier les vallées (de *camb*), semblent venir encore plus directement de *cambia*, bière, *cambiaria*, brasserie. Le nom propre le Cervoisier était jadis assez commun dans l'Avranchin. Or, le Cervoisier (de *cerevisia*) signifie le brasseur de bière. Il y avait aussi des Le Brasseur ; et d'ailleurs nous avons vu qu'il y avait une multitude d'ateliers de tonnellerie. Pourquoi tant de tonneaux et de barriques si on n'avait eu rien à y mettre ? Blanchère et Blanchard, d'après ce que nous venons de dire, peuvent bien signifier aussi brasseur ; les Blanchardières et Blancheries peuvent être aussi des brasseries.

Chez les anciens Francs et Gallo-Romains, les jeunes gens se réunissaient pour s'exercer à porter les armes et faisaient de cet exercice une sorte de jeu. Cet exercice des armes (*tornearium*), nous a donné les Tourneries, Tournières, Retourneries et Retournières ; il y a des villages de ce nom en beaucoup de lieux. Ils avaient le jeu de la claie qui était une sorte d'exercice militaire ; c'est ce qu'on appelait *bohordicum*, et jouer contre les claies, c'était béhourder ou bourder (*behordare, burdare, bursare*). Le souvenir de cet exercice s'est conservé dans les noms d'un grand nombre de villages appelés la Bohordière, la Béhourdière, la Beheudière, la Bourderie, la Burdaiserie, les Bourdonnières, la Bourdonnais, le Bourdonnet (peut-être aussi les Burdinières), la Bourserie, etc., de là les noms propres Bouhours, Bougourd (peut-être Bourdain et Bourdet), Bourdon, Boursin, Boursier, qui signifient *béhourdeurs*.

Outre ces exercices à moitié militaires auxquels nos ancêtres se livraient fréquemment, puisqu'ils ont laissé leurs noms à beaucoup de villages, ils avaient d'autres jeux, entre lesquels le principal était celui de la *crosse* ou de la *choule*. La *choule* ou boule qu'on lançait se nommait en basse latinité *follis*, et jouer à la choule, c'était *chouler, cheolare*. Cette sorte de jeu nous explique les noms des villages appelés la Cholière (Chéolière), la Jeheulière, la Jolière, la Jolais, la Jolinière, la Folie, Folleville, la Follinière, et les noms propres Chollet, Joly, Le Fol, Follain ; c'étaient des amateurs du jeu de la *choule*. Ils jouaient aux dés ; le souvenir s'en est conservé dans la Tablaire. Ils faisaient quelquefois des mascarades, ou des représentations dans lesquelles on faisait des contorsions ou les grimaces (*sannare*) ; le souvenir en est resté dans les villages appelés la Sannière, les Sannières. Le Bourlopin, nom de village (*burlopina*), signifie l'auberge où l'on jouait.

Le Champ-Gaillard (*campus-gaialis*) était aussi un lieu de jeu.

Les anciens aimaient beaucoup la danse, et il n'y a guère de communes qui n'ait un ou plusieurs villages rappelant un lieu de danse.

De *ballatio*, mot latin qui signifie danse, on a fait en basse latinité *ballare, balare, balinare, balissare, vallare, valare, valissare*, tous mots qui signifient danser, et nous expliquent nos villages appelés la Beslière, la Beslotière, Balant, Le Balai, la Ballière, la Ballerie, le Baluet, la Belinière, les Belins, la Blinière, les Blins (quoique les Blins puisse signifier lieu élevé, aussi bien que les Belins, de Lolif; nous croyons que ces deux noms ont la même signification que les Belinières), la Belaiserie, la Valaiserie, la Vallière, la Balissonnière, la Valliette, le Mesnil-Balisson. Tous ces noms indiquent des lieux de danse. Où diable M. Le Héricher va-t-il chercher l'origine du mot valse, dans la prétendue coutume qu'ont certains Hollandais de se prendre deux à deux et de se rouler du haut en bas des dunes, *ad vallem*? c'est le cas de dire trop de science nuit. Valse évidemment vient de *valare, valissare*, danser; de là viennent aussi les noms propres Belin, Blin, Balai, Beslon, Belaize, peut-être aussi Lebel, Bellet, Vallet; tous ces noms signifient, ou du moins peuvent signifier le danseur.

S'il y a quelque doute possible sur la signification des noms susdits, il ne peut y avoir aucun doute sur les suivants.

La Cherulière, la Cherolais, la Cherlais, la Cheslière, s'expliquent bien difficilement, autrement que par *charolare*, danser.

Il y a de plus, les Gingannières, les Gigannières, les Chicannières, la Giguerie, la Gigairie, la Jamblerie, la Gimbrie. Qui ne reconnaitrait pas dans tous ces noms, *ginga, jiga, gamba, jamba*, tous mots de basse latinité qui signifient jambe, et d'où sont venues les expressions populaires *gimber, gambader, giguer; gigotter*? Tous ces villages étaient donc des lieux où l'on jouait des jambes, c'est-à-dire où l'on dansait. Et de là les noms propres Gigan, Hingant, Gambier, Gambillon, le Jamble et probablement le Jammetel, noms qui signifient danseurs.

La Saillandrie, nom de plusieurs villages, vient évidemment de *salire*, sauter, danser.

Plusieurs villages sont appelés les Violettes, la Violière, les Vetillères. Tous ces noms ne viennent-ils pas de *Vidula*, vielle, l'instrument dont on se servait autrefois à la place du violon?

Il y a encore les Herceries, les Hercellières ou Hercelleries, les Hersendières et Hercendais, dont l'étymologie est *Herca*. C'était primitivement *la claie*; et herser était la même chose que béhourder; mais ces lieux finirent par devenir simplement des lieux de danse, et dans le langage populaire on dit encore quelquefois *herser*, pour danser.

On voit par ce court exposé que l'étude des Etymologies des

noms de villages ne manque pas d'intérêt, et contrairement à ce que nous avions pensé, amène des révélations importantes, relativement aux coutumes et aux mœurs des anciens habitants de l'Avranchin ; nous pourrions en ajouter quelques autres, qui font connaître qu'à cette époque reculée on ne se tenait pas plus qu'aujourd'hui dans de justes limites, et qu'il y avait des excès de bien des sortes. Les Bobichères, Bubichères, Garchinières, les Hartellières, Hardelières, les Ribaudières, Rifauld, Rifaudières, Rifaudais, Ripaudières, Baudrières, indiquent de mauvais lieux, et il y a encore aujourd'hui des noms propres dont l'origine n'est pas à signaler.

VIII

Noms qui rappellent des faits militaires. — Noms introduits par la Féodalité. — Noms d'hommes et noms omis dans les articles précédents.

Un certain nombre de villages de l'Avranchin portent les noms de Casset, Cassel, Châtel, Châtellier (*castellum, castellarium*). Tous ces noms, croyons-nous, remontent au temps de la conquête et de l'occupation de la Neustrie par les Romains, et désignent des lieux un peu fortifiés, ou du moins des lieux où séjournèrent pendant quelque temps des soldats plus ou moins nombreux. Quelques-uns de ces lieux ne semblent pas situés pour servir à la défense du pays ; mais nous ne pouvons pas actuellement en juger, ne sachant pas ce qui a donné lieu à la construction de ces chatels, ou chateliers, dont il ne reste d'ailleurs plus aucune trace. Quant au camp du Châtelier dans la commune du Petit-Celland, nous croyons qu'il a été un camp dès le temps des Celtes ou Gaulois, qu'il a été un camp sous la domination romaine, et sous celle des Francs, que Sabinus peut y avoir campé, mais que ce n'est pas simplement le camp de Sabinus. Le *ballium* qui en défendait l'entrée et dont le nom est resté dans le village de Lamballe (*in-ballio*), le *champ des morts* qui l'avoisine, les travaux considérables qu'il a nécessités, la création d'une voie allant directement de ce camp à la ville d'Avranches, tout nous porte à croire que c'était un poste militaire qui a été occupé, sinon continuellement, au moins bien souvent, pendant plusieurs siècles.

Les camps qui ont donné le nom à Champeaux et à Carolles, ont été successivement des camps Francs et des camps Normands. Les Francs les avaient construits d'abord pour se défendre contre les incursions des pirates du Nord ; et ces pirates finirent par s'en emparer et s'y fortifier.

Le *dick* ou *fossé du diable* de Vains rappelle un camp des hommes du Nord. Nous avons dit que les Chatteries étaient des lieux de chasse ou des habitations de chasseurs ; mais il y a aussi des Châtries, des Châtières, et La Châtre, et nous croyons que ces Châteries et Châtières rappellent des camps construits par les Francs pour défendre le pays contre les Normands. Il y en a deux sur la côte, l'une à Marcey, l'autre au Val-Saint-Père ; leur situation à peu de distance du rivage semble être un indice de ce que nous supposons. Nous ne connaissons pas beaucoup. d'autres noms rappelant des faits militaires avant l'occupation définitive de l'Avranchin par les Normands.

Parmi les soldats qui combattaient à Hastings et prirent part à la conquête d'Angleterre, il y en avait un certain nombre de l'Avranchin. A leur retour d'Angleterre, ils aimaient à parler d'Hastings, et à cause de cela, le peuple qui était alors ce qu'il est aujourd'hui, les appela les d'*Hastings*. Ce nom fut porté par les anciens seigneurs de Vezins, qui bientôt changèrent leur nom d'Hastings en celui d'Astin. — Les simples soldats qu'on appelait d'Hasting en firent autant, et de là sont venus les noms propres assez répandus de Datin, Datinel, et les villages appelés la Datinière. Ce sont des souvenirs de la bataille d'Hastings.

La féodalité a laissé beaucoup plus de souvenirs que les faits militaires.

Les Alleux ont laissé leur nom dans les villages appelés les Alleurs, les Audonnières, les Aunouillères (*Aldonalia*, alleux).

Drud ou *drut*, fidèle, a donné la Droûtière, et le nom propre Drouet.

Vassus ou *bassus*, vassal ou serviteur, a donné Le Vasseur, Levavasseur, la Vasserie, la Vesserie, la Vasselais, dont a fait l'Auvesserie, la Basse, les Basses, et les noms propres Le Vasseur, Le Vavasseur, Lebas, Lebassac, Basset, Baschet, Bachelot. Les gardesbois, *walterius, waldverdius, custodes*, ont donné les noms propres Gautier, Gaultier, Vautier, Vauvert, Chutaut, et par eux les noms des villages appelés la Gauterie, la Gauteraie, la Vauverdière, le Boulevert, la Chutaudière. Montgothier signifie mont de Gautier ou du garde-bois. Les gardes des forêts ont donné Le Forestier, et le nom des villages appelés la Foresterie ou Forêterie, ainsi que les noms propres Forêt et Laforêt. Les verdiers, officiers inférieurs aux forestiers, ont donné le nom aux Verderies. — Les terres appartenant directement au roi sont appelées la Réauté, la Riauté, les Réaux, les Bruyères-au-Ré. Alleroy, à Savigny-le-Vieux, signifie le fief au roi. — La Saignerie, à Brécey (*seniora*), est la terre du seigneur. De là les noms propres Seigneul, le Seigneur. Chaque grand seigneur avait un certain nombre d'officiers outre les gardes-de-bois ci-dessus mentionnés. Les terres appelées l'Officiaire n'étaient pas précisément des fiefs, mais des terres que certains officiers tenaient de leur seigneur moyennant certaines redevances. — Les Soufficières (*sub officiaria*) étaient des terres tenues des officiers. — Les prévôts ont donné le nom aux villages appelés la Prévôtière et la Provostière ; d'eux viennent les noms propres Provost, Le Provost, Le Prevost. — Le comte de Mortain avait des maréchaux, c'est-à-dire primitivement des hommes chargés de prendre soin de ses écuries et de ses chevaux. De là le nom propre Le Maréchal, Maréchal, et les villages appelés la Maréchallerie. Ils furent remplacés plus tard par des sénéchaux, d'où la Sénéchallerie, et les noms propres Sénéchal, Le Sénéchal, Le Sénécal, Le Sénécat. — Le collecteur des revenus du vicomte se nommait le gravanger ; de là la Gravangerie, et le nom propre Le Graverend. — Plusieurs seigneurs, au moins dans un temps, avaient le droit de haute justice et pouvaient condamner à la peine capitale. Le lieu des exécutions pour le comte de Mortain était la bruyère, nommée à cause de cela Bruyère-de-la-Justice, à Romagny ; ailleurs c'étaient les villages ou les champs qu'on appelle encore la Potence. — Le lieu où siégeait le billot de Périers se nomme encore la Justice. Les seigneurs avaient des fourriers chargés de trouver et fournir le fourrage nécessaire pour leurs chevaux en cas de guerre. Leur nom en basse latinité était *fabrarius* ; de là les villages appelés le Foray, le Foudray, la Foretterie, la Forière, la Foiderière, et le nom propre Foret. Ils avaient des tambours, en basse latinité *tabur*, d'où les villages nommés Tabut, la Tabourie, la Tabuère, qui signifient habitation d'un tambour. En général, la plupart des g   , du peuple furent longtemps des serfs attachés à la glèbe. Le servage a laissé quelques traces dans les noms des villages, en particulier en celui de Servot, et dans le Montliton ou mont des serfs (*litones*). La Lanciais et le Lançoir, de *Lanceti*, signifient des terres dont jouissaient certains colons appelés *lanceti*, moyennant quelques corvées en temps fixé par leur seigneur. — Les serfs n'étaient pas tous dans les mêmes conditions ; un certain nombre jouissaient de plus grands avantages que les autres ; cela dépendait de la bienveillance de leurs seigneurs respectifs. Avant même que le servage fût aboli, plusieurs seigneurs avaient donné entière liberté à leurs serfs ; ils les avaient affranchis, *manu propria*, et par chartes. Hantraye (*de hantrada*) signifie une terre et un serf affranchi de cette manière. Frilouze, nom de village (*de frilazin*), indique aussi une terre dont le possesseur a été affranchi ou mis en liberté. Mais le Friloux et le Montfriloux pourraient bien indiquer plutôt des lieux froids, exposés au vent du nord ; *friloux*, en langage populaire, signifie qui est sensible au froid. — Le Familier (de *familia*) indique une terre de serfs.

Les seigneurs avaient des officiers pour porter leur écu orné de leurs insignes (*insigniarii*). De là paraît venir le nom de Linsinière. — Signy vient de *signum* et désigne l'habitation d'un porte-drapeau, chargé en même temps de donner le signal du combat. De là vient aussi peut-être Isigny, jadis Esigny, nom d'une commune et de villages. — L'étymologie de ce nom est fort difficile, et l'étymologie peut être différente suivant les différents lieux dont il est question. Nous ne voulons parler que de notre Isigny, jadis appelé Isigny-les-Bois, et aujourd'hui Isigny-Paindaveine ; Isis n'est assurément pour rien dans la dénomination de ce lieu. S'il ne faut pas le faire venir de *signum*, nous dirons que le nom ancien qui n'est peut-être pas un guide sûr était *Esgeing*, dont on a fait Eseignies et Isigny.

Ce nom d'Esgeing était aussi celui d'un ancien village de Saint-Quentin, et il fait penser à *esentie, aisancie,* aisances, usage. En ce cas, Isigny signifierait une terre d'usagers, c'est-à-dire dont les habitants jouissaient de tous les avantages de leurs propriétés, ou plutôt jouissaient de certains privilèges ou usages sur des terres qui ne leur appartenaient pas. Il faudrait s'assurer si ces usages ne sont point mentionnés dans quelques anciens titres.

Esson (d'*essonium,* excuse), désigne l'habitation d'un seigneur exempté du service militaire pour cause de maladie, ou quelqu'autre motif légitime. — Le Regard (de *regnardum*), limite d'une forêt, était l'habitation d'un forestier. — Beauregard peut signifier simplement belle vue. — La Herbendière (de *heribanrus*), indique une terre dont les tenants devaient chaque semaine à leur seigneur, une journée de leur métier. — La Tertonnais, la Tertenaie et la Tertionnais sont des terres dont les tenants devaient le tiers au seigneur pour droit de vente. — La Taillais (*talliata*), peut signifier la même chose que taillis, mais peut indiquer une terre dont les habitants devaient au seigneur une taille ou impôt. — Les Tesnières (*tenuræ*) signifient des tenements ; de là, Tesnière. Plusieurs seigneurs faisaient eux-mêmes valoir leurs terres et en recueillaient les fruits. Ils avaient pour veiller sur leurs récoltes, et y présider lorsque le temps était venu, des employés qu'ils appelaient *besnarii* et *messarii,* d'où les noms propres Besnier, Besnard, Besnoult, Le Besnerais, et peut-être Bernard et Bernier, Mezeray, Moisseron, Moisson, et peut-être Mezières et Mazier, auxquels cependant nous avons déjà donné une autre signification. De là aussi les villages appelés la Besnière, l'Ile Benais (l'île de Besnier), la Besneraie, la Besnerie, la Besnardais, les Besnardières, Mezeray, Le Mezeray, Le Minzeray.

Le Mutret, les Moutrus (de *moltura*), indiquent des villages dont les habitants devaient la moulte au seigneur ou à quelque communauté. — La Chinière (de *chimnagium*) est un village dont les habitants avaient le droit de *chimnage,* c'est-à-dire le droit, moyennant certaines redevances, de prendre du bois mort dans le bois voisin.

Il y a plusieurs villages appelés la Cosnardière et des hommes qui portent le nom de Cosnard. Ceci rappelle le *cornagium* ou cornage, sorte de redevance ou d'impôt que les propriétaires de certaines terres devaient sur les bêtes à corne. — Les Ratours indiquent un lieu dont les habitants étaient sujets au ratelage (*rastores*), c'est-à-dire devaient faucher et faire sécher le foin du seigneur ; de là les noms propres Resteux, Le Resteux, Restoux, et le village appelé la Restoudière. La Tessardière (de *tascheria*), indique une terre sujette à la tâche, sorte d'impôt ou de corvée à payer au seigneur.

Than signifie seigneur, *thania* et *tanagium*, domaine ; de là Tanis, nom de commune, le Thanet, nom de village, et le Thimmartin, ou demeure du seigneur Martin, à Vessey.

La Merie (*majoria*), la Mairie, la Laisnière, l'Aisnière, la Lesnerie (*ainescia*), et l'Einière (absurdement orthographiée l'Heinière), désignent des aînesses ; de là le nom propre Lainé, Laisné.

Langerais et Lengerais ont le même sens que l'Angerie ; c'est la demeure d'un écuyer. — La Terrouerie (*terrata*, *terrataria*), signifie simplement un domaine. L'Envergerie peut venir d'*imbercaria*, bergerie, ou d'*invercheria*, dot.

Beauficel, nom de commune, toujours appelé *Bellum-fusellum*, ce qui a embarrassé beaucoup d'étymologistes, signifie beau fuseau, c'est-à-dire belle dot. La terre de Beauficel étant tombée en quenouille, fut ainsi appelée, et portée par l'héritière au possesseur de la baronnie de Saint-Sauveur-le-Vicomte, dont elle fut un membre jusqu'à la Révolution.

L'Etallerie, village de Sourdeval (d'*estallagium*), signifie un village dont les habitants, moyennant certaines redevances, avaient le droit d'étaler leurs marchandises dans les foires et marchés. Ce mot cependant peut venir aussi de *stallum*, *stallaria*, habitation, village.

Guilgault, nom propre (de *guilhaula*, halle), signifie qui expose sous la halle.

Le Grousset, que nous avons signalé comme pouvant venir de *cruca*, vient plus probablement de *grossus*, terre libre à laquelle n'était point attachée un serf. De là peut-être les noms propres Le Gros, Grossin, Grosset, Grouchy.

Chenilly (*canilleium*) rappelle un chenil, ou lieu où l'on nourrissait une meute de chiens. La Colomberie (*colombaria*) rappelle probablement un colombier.

La Chantellerie, Cantilly, Chantelou, Chanteleu, viennent de *chantellum*, d'où l'expression *être à son chanteau*. Ces mots signifient la part d'héritage revenue à quelqu'un. *Canta, lupe*, est une de ces étymologies à vue d'œil, comme on en a donné un si grand nombre. — Les loups hurlent, mais ne chantent pas.

Les Prises, les Ventes et les Fieffes, noms de villages auxquels est souvent joint un nom d'homme, très communs surtout aux environs de la forêt de Lande-Pourrie, sont des terres concédées, vendues, ou fieffées, moyennant certaines redevances, quelquefois concédées gratuitement, à divers particuliers, et par eux défrichées et mises en culture. Prise, signifie terre prise sur la forêt, c'est-à-dire défrichée. Ailleurs, les Ventes et les Fieffes ont le même sens ; ce sont des portions de bois défrichées. La Fieffe a-Zire, à Saint-Clément, est la fieffe à Gire ou Gilles.

Les Verdières n'indiquent pas toujours l'habitation d'un verdier ; loin des bois ou des forêts, ce sont des vergers ou lieux plantés d'arbres à fruits (*viridigaria*).

Les Frairies, la Confrérie, la Gonfrère, sont des terres partagées entre des frères (*fratricia, confratritia*). La Sœurie est une terre partagée entre des sœurs ; les Parsonniers (*partionarii*), sont une terre partagée entre plusieurs en parties égales.

La Chevaucherie, ancien village de Bourguenolles (de *caballeritia*), indique une terre dont le tenant devait la *chevauchée* ou service militaire en la place ou en la compagnie de son seigneur.

Le Filastre (de *filaster*), est une terre appartenant à un fils né d'un premier mariage. De là le nom propre Fillâtre, Le Fillâtre. La Fillière est probablement une terre appartenant à une fille.

Les Echauguettes rappellent des petites tourelles, placées sur des points élevés, et d'où l'on observait les mouvements de l'ennemi.

La Bretesche (de *bret-dach*) signifie une couverture en bois placée sur une tour, pour, de là, lancer des flèches sur l'ennemi.

La Beltière ou Belletière, nom de plusieurs villages, vient de *bella-tertia*, belle tierce. On appelait tierce la portion de terre qu'un homme libre donnait à sa future le jour de ses fiançailles, portion qui pouvait égaler mais non dépasser le tiers de son ténement.

Les Barres, du germain *bar*, latinisé *barra*, barrière, étaient des points avancés où il y avait garnison pour protéger une place. La Barre de Montfautrel (*montis fald* ou *faltrellum*, village du mont), la Barre-Laurent et d'autres, étaient destinées à protéger le château de Mortain du côté de Sourdeval. A l'opposé, le château était défendu par celui du Teilleul et par Barenton. Il n'existe aucune mention authentique de Barenton avant le xiv° siècle. Ce bourg est cependant plus ancien ; mais nous croyons qu'il date seulement de la fondation du château de Mortain, et que, primitivement, ce fut une barre pour le défendre. De là le nom de *barr-ann-tun*, ou Barenton, c'est-à-dire barre de la colline. Barenton est en effet sur le penchant de la colline. Si cette étymologie n'est pas vraie, elle est au moins vraisemblable.

De Barenton, vient le nom propre Barenton, qui a donné les villages appelés la Barentonnière.

Raimbauld est l'habitation d'un *rachimbergus*, ou assesseur du comte pour rendre la justice. De là aussi la Raimbaudière et la Raimberdière, et les noms propres Raimbault, Raimbert, Grimbault et Grimbot.

La Naiserie et le Naizement, de *nexum*, *nexaria*, *nexamentum*, cession, vente, signifient terre aliénée.

La Guertière, de *guerpitoria* ; le Laisir, de *laisi-verpum*, signifient des terres concédées, données ou abandonnées. L'Ouefferie vient probablement de *werf*, abandon, et offre le même sens.

L'Anglaicherie (*anglescheria*), nom de plusieurs villages, désigne un lieu habité par des Angles ou des Anglais, qui prouvèrent leur nationalité, soit au temps de la conquête de l'Angleterre par les Normands, soit au temps de l'invasion de la Normandie par les Anglais. L'Engraisserie, à Vengeons, est une corruption de l'Anglaischerie.

Reulet, le Roulet, le Roulis, sont des villages situés sur des voies jadis appelées *rotabiles*, où l'on payait au seigneur du lieu l'impôt appelé *rouage*, pour la réparation et l'entretien de ces voies. De là le nom propre Reulost, qui désignait le percepteur de cet impôt.

La Guette, le Guet (de *wactae*), sont des lieux où l'on

faisait le guet, ou dont les habitants étaient tenus à faire le guet.

La Baugerie, la Bogerie, la Baujardière, de *baugia*, *bgia*, trahison, sont des terres de felon. Baugé et Baugeard signifient felon.

Messey, de *messio*, est un lieu dont les habitants payaient une redevance au seigneur, à l'occasion de leurs récoltes.

Bedel, Le Bedel, noms propres, viennent de *bedellus*, huissier, introducteur ou portier.

Les Tanches, de *taggia*, dispute, la Querelle, de *querela*, sont des terres en litige.

Les villages appelés la Baronnais, la Baronnière, ou la Comterie, n'indiquent nullement des possessions de comtes ou de barons; c'est simplement l'habitation de Le Baron ou de Le Comte. Or, les mots *baro* et *comes*, dont on a fait le comte et le baron, ont une multitude de significations, depuis baron et comte, jusqu'à simple valet ou domestique, et il n'est pas possible de préciser ce qu'ils signifient.

Tant que le christianisme n'eut pas profondément pénétré les populations et même tant que dura le servage, les seigneurs francs et autres, comme d'ailleurs le faisaient les anciens romains, considéraient un peu les serfs comme une classe d'hommes à part, n'ayant point avec eux une commune origine. Le souvenir du peu de respect qu'ils avaient pour eux et de la manière dont ils les traitaient, s'est conservé dans les noms de beaucoup de villages et dans beaucoup de noms propres, dont le sens se retrouve facilement, et qui furent à l'origine des sobriquets injurieux donnés par eux à leurs serfs.

Ils les appelaient : *béffres*, *robichons*, *bouchons* (de *bafer*, agreste, rustaud, *robignosus*, sauvage, *becco* bouchon); de là la Baffé, la Béffrie, la Robichonnière, la Boconnière, la Bochonnière, la Bougnotière, *bagaudes* (révoltés), *hongres*, *ogres*, *ygres* (de *hungari*, hongrois), vilains, *oulagres* (out-laugh, hors la loi), *Bulgares* ou *Bougres* (de *Bulgari*). De là le nom propre Bagot et la Bagotière, la Hongrie, l'Ograis, Lugrais, la Ligerie et la Ligerais (pour l'Ygerie, l'Ygerais) l'Ulagrie, et le nom propre Yger, la Bougrerie et le nom propre Lebougre; *barbots*, c'est-à-dire sales, marmitons, d'où le nom propre Barbot, et la Barbotière; *rabacheurs*, d'où les noms propres Rabache et Rabasse. —

rats, (de *raptarius*, voleurs), *robins* (de *raub*, voler), *tacons* (de *taugere*, voler), voleurs, (*praedones*, *fures*, *thieubdiarii*, de *thieub* ou *diep*, voler). De là les villages appelés la Robberie, la Robetière, la Roblinière, la Ratterie, la Raptière, la Rabberie, et peut-être les Rabblets (à moins que ce dernier nom ne soit pour les crablets, ou petites crables, ce qui paraît peu probable), la Thieudière (village de Saint-Georges-de-Livoye qu'on a orthographié sur la carte la Queue-de-lierre), la Thieuvillais, la Furetière, la Prodonnière. De là aussi les noms propres Robbes, Robin, Roblin, Robine, Rattier, Le Rat, Tencé, et les villages appelés la Tencère, la Tencerie, et la Taconnière, Lefur, Furet, Prodon.

Le Vol, la Volée, la Volerie, n'indiquent pas des habitations de voleurs. Ces noms viennent d'une mesure agraire, la volée (*volata-terrae*).

Les seigneurs ne ménageaient pas les sobriquets à leurs serfs ; Ils les appelaient *loups*, *renards*, (*vulpes* ou *vulpecula*, voleur rusé, visage de loup (*vis-de-loup*), *cul-de-loup*, *braihaut*, de là les Louvières, les Louvetières, les Louvellières, Louvigny et autres lieux où probablement jamais il n'y a eu de louvetier, et les noms propres Leloup et Louvel, Videloup, d'où la Videlouvière et Cudelou. Le renard est la traduction française de *vulpes*; et *vulpecula*, conservant davantage la forme latine, est devenu le Goupils. De là les noms propres Lerenard, Renard, Regnard, Legoupils, Goupils, et les villages appelés la Renarderie, la Renardière, la Goupillère, la Porte-Goupil. A Saint-Oven, près des bois du Châtelier, se trouve un village appelé tantôt l'Antre-Goupil, tantôt l'Eutre-Goupil, mais dont le véritable nom nous paraît être l'Entre-Goupils (*inter vulpeculas*); c'est un village bien nommé ; car il y a beaucoup de renards dans les bois voisins. — Il y a encore des noms de familles du nom de Braihaut.

Laissant de côté plusieurs autres sobriquets inconvenants que les seigneurs donnèrent à leurs serfs, nous en signalerons cependant encore une *litanie*, parce que ces sobriquets sont l'origine de beaucoup de noms de villages et de noms de familles. Ils les appelaient *cannae*, *canuae*, *gelones*, *guillones*, *gilones*, *guelli*, *guilli*, *etc.*, tous mots qui signifient channes, chanettes, cruches, cruchons, cruchets, pots. De là tant de villages appelés la Cannerie, la Canoudière, la Canouardière, le Channier, le Chennier et

peut-être Chanay, (nous avons donné pour ces villages d'autres
étymologies, mais quoique les étymologies données déjà soient
acceptables, celle-ci nous parait beaucoup plus probable), la
Gilardière, la Guillardière, la Guillerie, la Guillonnière, le Guyon,
la Guyonnière, la Gilaudière, la Gilottière, la Gilanderie, la Gi-
laudais, la Poterie. Dans tous ces villages, qui signifient poterie,
on n'a jamais fait ni vendu aucune sorte de poterie ; mais les
seigneurs avaient ainsi nommé les habitations de leurs serfs et
de là sont venus les noms propres très répandus, Gilard, Gillot,
Gislot, Jillot, Gélon, Guillon, Guillou, Guyon, Guillard,
Guyard, Guillet, Guilet, Leguiller, Gilet, Gilette, Guillot,
Guyot, Guiot, Guilloche, Le Guillochet, Guilloton, le Potier,
Le Pottier, Pottier. Ces noms, qui furent à l'origine des sobriquets, n'ont assurément aujourd'hui rien d'injurieux pour ceux
qui les portent. Le surnom *mauvaises cruches* s'est conservé dans
le village appelé la Maguyonnière. Mauny (*malus nidus*, mauvais
nid), et Nid-de-Chien sont encore des noms de villages qui ont
la même origine.

Quoique les hommes aient souvent pris le nom des lieux
qu'ils habitaient, il est certain cependant qu'ils ont aussi quelquefois donné leur nom à ces lieux ; nous en avons déjà vu souvent la preuve et nous la trouverons encore dans les noms de
lieu qui suivent.

Dragey, nom de commune, ne nous parait pouvoir être qu'un
nom d'homme. Ce n'est assurément pas l'ancien *Dariorigum* ;
c'est simplement l'habitation de Drogon dont on a fait *Draco-
neium*, *Drogeium*, *Drageyum* et Dragey, comme du même
nom on a fait Drey dans Mesnildrey et Moidrey.

Reffuveille, toujours écrit en latin *Rufevilla* et non *Rufivilla*,
est l'habitation de Rufa. C'est une dame qui a donné son nom à
cette commune appelée jusqu'au commencement du siècle actuel, Rufevailles. — Roussigny, *Rufineum*, est l'habitation de
Rufus. — Montigny est l'habitation de Montinus. — Martigny
est l'habitation de Martinus ou Martin. Il y a aussi des villages
de ce nom, comme il y a Marigny qui parait être l'habitation de Marinus. — Savigny est l'habitation de Sabinus ; c'est
bien Savigny-le-Vieux et non Savigny-l'Evieux, comme le prétendent MM. Le Cannu et Le Héricher ; Savigny, en effet,
s'appelait simplement Savigny avant la fondation de l'abbaye.

Mais l'abbaye ayant pris aussi le nom de Savigny, on appela l'ancien bourg Savigni-le-Vieux, pour le distinguer de l'abbaye, qui était le nouveau Savigny. — De même Saint-Hilaire-du-Harcouët ne s'est appelé ainsi qu'après Hascou ou Hascouet de Saint-Hilaire. Harcouet est le nom de ce seigneur.

A quoi bon soupçonner des mystères quand il n'y en a pas ?

Nous avons parlé des noms d'hommes affixes des paroisses appelés Mesnil.

On voit que les noms d'hommes ne dominent pas dans les noms de communes; ils ne dominent pas davantage dans les noms de villages.

Avenel est un nom patronymique fort ancien; il a donné le Bois-Avenel, le Bourg-Avenel. — Dodeman est aussi l'un des plus anciens noms patronymiques que l'on rencontre dans l'Avranchin. Il a donné les villages appelés la Dodemanière, la Dodemandière. — *Ausgot*, nom scandinave, est resté dans les villages appelés l'Angotterie, l'Angotière ; mais le nom propre Angot n'est probablement venu du scandinave Ansgot que par l'intermédiaire des Angotteries ou Angottières. — Nous ne croyons pas beaucoup qu'on ait cultivé les lentilles dans l'Avranchin, et cependant plusieurs villages sont appelés Lentillies, Lantillère, Languetillère ; nous croyons qu'il faut y voir le nom scandinave Ansquetil ; mais que le nom propre Anquetil n'est venu du scandinave que par l'intermédiaire des Anquetillères. Nous dirons la même chose du nom normand *Torgis*, qui a donné la Turgisiaire et la Turgisais; nos Turgis actuels ont pris le nom de ces villages. Quant à Turquetil, qu'on prétend faire descendre de *Torsktil*, c'est encore un sobriquet donné par les seigneurs à leurs serfs, ils les appelaient quelques fois *turcs, turcos, petits turcs*, comme ils les appelaient ogres et bulgares. De là les noms propres le Turc, Turquet, Turquois, Turquetil, Turquetin, Torquet.

Thébault, Thibault, Gilbert, Guilbert et Gesbert sont des noms d'origine germanique, dont plusieurs se donnaient jadis au baptême, et qui sont devenus patronymiques. Ces noms ont donné la Thebaudière, la Thibaudière, les Gilberdières, Guilleberdières, Gibertières et Gesbertières. — Hubert qui est un nom allemand, mais peut aussi venir de *hubarius*, a donné la Hubertière.—Boisyvon, nom de commune, est *boscus*. *Yvonis*, le bois d'Yves ou d'Yvon ; mais Yves signifie lui-même qui habite les bords de l'eau (*ive*, *eau*). — De là les noms propres Yvon, et Boisyvon.

Luizière et la Heslouisière tirent leur nom de *Clodwigg*, nom franc. De là les noms propres Heslouis, Luizières, de Luizière. — Lambert, nom germanique, donné au baptème, a donné la Lamberdière.

L'Ernauderie, la Renauderie, la Renaudière, signifient terres de Renauld, ou plutôt d'Ernauld (*Arnaldu.*) ; car presque tous les Renault de l'Avranchin s'appelaient jadis Ernault, et c'est le nom que le peuple leur donne encore souvent ; or, Arnault était aussi un nom jadis donné au baptème. De là les noms propres Regnault, Renaud, Renault (qui peut venir aussi de *reginaldus*), Renou, Renouf, Regnouf.

En terminant cet article, donnons encore l'étymologie de quelques noms omis dans les articles précédents ou qui n'ont pu y trouver place.

Les Besaces (de *bissaccum*) et la Truandière (de *truttani*) signifient des villages de mendiants. — La Pepinière est l'habitation de Pepin, nom propre commun dans l'Avranchin, qui ne nous paraît pas venir de *pippin*, mot germanique, mais nous semble être une variante de *popina*, *popinarius*, aubergiste.

La Pochetière vient de *pogium*, coteau ; la Praisnière vient de *prasinus*, vert, et signifie terre verte. Les Nudières, les Naudières, la Nieubaye, viennent de *næ* ou *nov*, marécage. — Le Pavé et le Pavement sont des villages situés sur des routes pavées. Le Jardin, les Jardins, viennent de *garden*, lieu gardé, enclos. Les Planches, en général, désignent des lieux où l'on passait un petit cours d'eau sur une planche. — Les Carreaux et Planches de carreaux indiquent qu'on avait remplacé les planches par des pierres plates. La Souhaitière, comme Soudée, et la Soudairie, vient de *sudes*, *sou*, *souette*, retraite à porcs ; c'est un lieu où l'on élevait des porcs. La Souris, la Sorée, la Sorillère, la Sorinière, la Sorrerie, de *saurex*, souris, ou plutôt chouette, sont des villages situés près des bois et fréquentés par les chouettes. La Muretière (de *mus*), est un lieu plein de souris et de rats. Le Puignot vient de *pugium*, *puig*, butte. La Treboisnière semble venir de *tres bonnarii*, trois bonniers ou trois terres délimitées ; de là le nom de Treboisnel. La Tyrelière est

l'habitation de Tyrel, nom qui vient de *tur*, et signifie habitant
d'un coteau. Dans la Tantonnière, nous ne pouvons trouver
que *tan-tan*; ce nom pourrait bien être une onomatopée et
désigne un atelier de tonnellerie. La Buffonière, de *bufo*, cra-
paud, signifie la Crapaudière. — Les Blancs-Champs sont des
champs entourés d'arbres blancs ou dont la terre est blanchâtre.
Le Bois-Buttant est *boscus-buttandus*, le bois mis en coupe
réglée. Bechevel, de *becum-well*, est le ruisseau du marais ou
le marais de la rivière. — La Buffarais peut venir de *boum fer-
rago*, fourrage pour les bœufs; de *buffardum* pour *bobordicum*,
lieu où l'on *behourdait*, ou bien encore de *buffetaria*, lieu où l'on
payait un impôt pour vendre à boire. Dans ce dernier cas, ce
serait une auberge; de là le nom de Bouffaré. La Baderie, la
Badière, viennent de *bad*, mauvais, et signifient probablement
mauvaise terre, peut-être, terre mal habitée; de là les noms
propres Badin, Badier, Badet. La Bellouserie et la Plousière,
pour Bellousière, viennent de *bellues* ou *belues*, misère causée
par les dévastations des bêtes sauvages, *belluae*, c'est-à-dire des
loups et des sangliers. Ce sont des villages à peu de distance des
bois, exposés à ces sortes de dévastations. De *bellua* vient *bel-
luinus*, chasseur de loups et sangliers dont on a fait Blouin; le
peuple dit encore *Bellouin*. — Le *bohi* à Ger, de *bocus*, bouteille
et autres vases, était une poterie ou une auberge.

L'Auge, les Auges, de *augia*, pré, signifient ordinairement le
pré ou les prés. Agna, l'île où se retira Saint-Hélier, et
dont il ne reste plus que la grotte de Saint-Hélier et l'îlot sur
lequel est bâti le château Elisabeth, s'appelait Augia et non
Agna. C'était une île basse, couverte de prairies, qui occupait la
baie de Saint-Aubin, et n'était séparée de Jersey que par un
petit bras de mer qu'on traversait sur un pont, d'où le nom de
Pont, conservé par le passage de Jersey au château Elisabeth, et
à la grotte de Saint-Hélier. D'Augia vient le nom propre
Auger.

Trouvée, la Trouverie, de *treuffen*, d'où est venu le mot
français trouver, rappellent des habitations de trouvères; de là
les noms propres Truffaut, Truffier, Trufflier. — Le Voulge, du
bas-latin *vulgus*, signifie l'habitation d'un laboureur. — La
Cuve, village de Huisnes, doit son nom à sa situation au fond
de la vallée. — Le Creux, la Fonce, le Foncet, sont des villages

situés dans de petites vallées. Les Trainières, Trairie, Trainel-lière, Trennellière, sont des lieux montueux où il fallait souvent se servir de traîneau ou traîne (*traga*) ; de là le nom propre Trainel.

Les Hativellières et les Havillonnières sont des noms dont l'étymologie est difficile. Pour les Hativellières, ne serait-ce point *catabula*, étables, dont on aurait fait *chatabula*, *hatabula*, *hativella* ? — Les Havillonnières ne viendraient-elles point de *avvirs*, bestiaux, dont on aurait fait Averrionnière, Havillonnière ? Nous n'affirmons rien. Les Laizières (*lascaria*), signifient terres affermées. L'Evennière et les Evennières (d'*eve*, eau), signifient village mouillé ou village sur l'eau. Lampas, village de Saint-Pierre-Langers, est probablement pour l'Ambas, de *ambage*, détour, circuit, village situé peut-être au détour d'un chemin, ou bien une *détourbe*, c'est-à-dire une auberge. Porteaux, village entre Genest et le Grand-Port, signifie les Petits-Ports. Le Derouble, nom d'une falaise escarpée de Carolles, vient de *disruptus*, brisé, rompu. Le Deroulis, village du Val-Saint-Père, situé sur la grève, a probablement la même origine. Les Erailles, à Refluveille (*eradicalia*), sont des défrichements. Les Ecotais, à Savigny, d'*écot*, souches desséchées et arrachées, rappellent aussi des défrichements. L'Arsenry, à Noirpalu, est l'*aître-Henry*, ou l'habitation de Henry. Chausse-Grise, (*causs-greis*), est la lande grise. La Frictière (*frisca-terra*), est la terre défrichée. Chancé, de *cancellus*, *cancedium*, signifie enclos ; de là les noms propres, Chancé, Dechancé, Chancerel. Chancerot signifie petit enclos. — La Verrerie, à Saint-Georges de Rouelley, rappelle une ancienne verrerie dont l'origine ne remonte pas très haut. Ailleurs la Verrerie est l'habitation de Le Verrier. La Coursière et la Coursinière, de *curisianus*, signifie l'habitation de Coursin, c'est-à-dire tenant d'une cour ou domaine ; la Charbonnerie, ou Charbonnière, est un lieu où l'on faisait du charbon. — Guesdon, nom propre, vient probablement de *geldus*, compagnon, associé ; il peut venir aussi de *gaisdum*, pastel, et signifier teinturier. De Guesdon est venue la Guesdonnière. La Gueudière vient de *gueude*, nom populaire de la grande pâquerette, (*chrysanthemum leucanthemum*).

La Basinière est l'habitation de Bazin, qui vient de *bassus* et signifie vassal ou serviteur. La Livraire est probablement pour l'Ivraire, terre sur l'eau (*ive*). Les Lutinières, à Reffuveille, sont pour les Loupinières; c'est un petit village au-dessous des bois, exposé aux visites des loups. — La Jotée et Jautest semblent venir de *jota*, petit ruisseau, égoût.

L'Aumaire, peut-être *ad majorem*, et dans ce cas signifierait ainesse, peut venir de *almaria*, armoire, et rappeler un atelier de menuiserie. — Lez-eaux est *latus aquarum*, le bord des eaux. Le Jadet vient de *gata*, jatte, grande écuelle; c'était probablement la chopine, et ce nom rappelle encore une auberge. La Malzardière, *mala exarta* ou *malé-sarta*, signifie mauvais défrichement ou bien terre mal entretenue; de là le nom propre Malzard. — Maufras paraît signifier mauvais défrichement (*mala fresca*). La Maugerie est *malagerria*, mauvaise lande, d'où le nom propre Mauger. — Maupertuis, Maupas, signifient mauvais passage; de là le nom propre Maupas. Josseaume, germanique *goth schelm*, casque de Dieu, a donné son nom aux Josseaumières. — La Bonde, près d'un cours d'eau, signifie l'endroit où l'on arrête l'eau. Ailleurs c'est l'habitation d'un notable (du saxon *bonda*, père de famille). — La Nicolière est l'habitation de Nicole, abréviation de Nicolas, qui a donné Nicole, Nicolais, le Nicolais, Nicollet, le Nicollet, Colas, Colard, Collardin, Collardet, Collin, Collet. — Montgodin, est *mons-waldinus*, le mont boisé; de là le nom propre Montgodin. — Rougemont est *russus mons*, le mont roux. — Les Parfontes et les Parfondes indiquent des lieux sujets à être inondés (*perfundundae*), ou simplement des lieux très bas. — La Repontaille, jadis la Repostaille, village de Saint-Brice, sur une voie ancienne, vient de *reposta*, repos, relai; c'était une auberge. — La Postellerie est l'habitation de Postel, qui vient lui-même de *posta*, lieu de repos, et paraît bien être un aubergiste. — Le Repos a le même sens que *posta*, le Repas, *repastus*, est le nom de plusieurs villages situés sur d'anciennes voies où les voyageurs s'arrêtaient pour manger et boire; c'étaient des auberges. — Le Bourrigny, nom de plusieurs villages est le *burgus-rigi*, le village du ruisseau. Quincampoix, *a qui que cela poise ou pèse*, nargue, est un nom donné à plusieurs moulins. Le Blanc-fraische est le blanc défrichement, la Bouquerie, de *bucarius*, est l'habitation d'un chasseur; les Iles signifient des lieux entourés d'eau. — l'Ile signifie souvent une maison isolée. —

L'Ilemanière, est le manoir isolé. La Barcannière, de *barcaniare frauder*, est une habitation de fraudeurs ; c'était encore un so-briquet que les seigneurs donnaient à leurs serfs. — Gez et Gisors dont nous ne trouvons pas le sens, ne rappelleraient-ils point encore le gest ou levain de bierre ? — Le Brillant est le Breuil, *bruillum*. Poterel à Dragey nous paraît être un dimi-nutif de *bud*, village, ou signifier village près de l'eau ; mais cela ne nous semble pas sûr.

Corblu, village de Montanel, voisin des bois, *de corvus*, signifie lieu fréquenté par les corbeaux. Le Bingard signifie colline, belle vue ; le Crosnier, de *licht-korn*, signifie également colline de bellevue. La Mailletière, la Mailletterie, la Maillar-dière sont évidemment des lieux où l'on se servait du marteau ou du maillet, c'est-à-dire des habitations de charpentiers ou gens d'autre métier semblable. De là le nom propre Maillard.

Beaumont, Beauvallon, Beaubuisson, Beauseuil, Beausoleil, Bel-Orient, Mirande de *miranda*, lieu admirable, qui n'est pas toujours pour cela plus beau qu'un autre, le Nid de souris, Trompe-souris, Ecoute s'il pleut, nom donné à certains moulins qui manquent d'eau, Belle-Vue, Beauvais, Beauvoir, etc. sont des noms qui n'ont pas besoin de commentaire ; ils se com-prennent d'eux-mêmes. — La Pivette, rivière, est *pi-ivette*, la petite eau du coteau.

IX

La Religion. — Le Druidisme, les Fées et les Sorciers le Christianisme. — Conclusion

Le druidisme, ancienne religion des Abrincates, a laissé des traces dans les noms de plusieurs lieux. La Pierre au Diable à Bouillon, la Chaire-au-Diable, à Carolles, Rochefolle à la Godefroy, la Pouquelée (*pouque lek*, pierre de la fée), à Saint-Jean-du-Corail, les Châteaux-Turbotins à Braffais, le Ber-au-Diable sur la bruyère de la Herthe à Lingehard, la Maison-aux-

Fées sur le versant occidental du Mont-Buon, la Roche-en-Croix, à Saint-Pois; les pierres-Pouquelées, roches-au-Diable, maisons aux Fées, sont autant de souvenirs druidiques. Les druidesses pour le peuple sont devenues les fées, auxquelles on attribuait le pouvoir d'opérer de merveilleux changements au moyen de leur baguette magique.

Carnet, de *Cairn*, pierre sacrée, était un centre où les druides se réunissaient et assemblaient le peuple. — La Siourie à Barenton paraît venir de Scioldri, nom que les Normands donnaient aux druides; car il y en avait encore quand ils vinrent se fixer dans le pays. Ce qui semble indiquer qu'il faut chercher dans ce mot l'étymologie de Siourie, c'est qu'à peu de distance il y a encore une pierre druidique signalée par M. Sauvage.

A Subligny se trouvent la Boucannière et le rocher Boucant. Quelle est l'étymologie de ces mots ? Cela n'est pas clair. Cependant cela pourrait être *pouque*, fée, qui est l'équivalent de druidesse. Les traditions qui se rattachent au Rocher-Boucant nous confirment dans cette opinion. A Bacilly, il y a le Mont-Frammeray, *mons feraminis*; or, *feramen*, dont on a fait bête faramine, ne signifiait pas une bête sauvage quelconque, mais une bête monstrueuse, un animal qui répandait la terreur et l'effroi; on sait d'ailleurs que les druides, pour montrer leur puissance et en imposer aux populations, élevaient et apprivoisaient des animaux sauvages, des lions et des tigres, et surtout des serpents qu'ils faisaient venir d'Afrique, et leur faisaient faire différents exercices, comme on fait aujourd'hui dans les ménageries. Ce nom de Montframmeray, bien qu'aucune tradition ne s'y rattache, nous fait supposer en ce lieu la présence des druides.

Le Mont Brimbal (*brum-bal*), aux limites de la Manche, du Calvados et de l'Orne, était célèbre par ses druides et ses fées. Plus tard, il le fut aussi par ses sorciers.

Mais le lieu de l'Avranchin où les Druides paraissent s'être le plus longtemps maintenus, est Braffais, où l'on montre toujours les Châteaux-Turbotins, et où le souvenir de la druidesse ou fée Turbot s'est conservé jusqu'à nos jours; on a bien cherché l'étymologie de Braffais, jadis Brafé ou Brafée; elle semble pourtant bien évidente; c'est *bre-fadae*, la colline de la fée ou des fées. Ce mot est hybride, dira-t-on; mais il est de basse latinité;

car *fada*, fée, n'est pas plus latin que *bre*, colline, et il faut bien lui faire quelque violence pour le faire sortir du latin *fatum*, destin ; et les fées qui, dans la pensée du peuple présidaient à certaines destinées, n'étaient cependant pas le *fatum* des latins ; car le *fatum* était inexorable, et les fées se laissaient gagner ; d'ailleurs leur sphère d'action était limitée.

Le druidisme finit par disparaître et le christianisme le remplaça sur tous les points de l'Avranchin. Mais aux pratiques chrétiennes les populations joignirent encore longtemps des pratiques payennes. Il y a même encore aujourd'hui des expressions populaires qui rappellent le paganisme ; par exemple, il n'est pas rare d'entendre des personnes qui, en goûtant des fruits nouveaux, disent : *dieusains* ou *vieusains* ; elles répètent ce mot par coutume et sans y attacher d'autre sens que celui-ci : c'est la première fois de l'année que je mange de ce fruit ; mais c'est une expression payenne, *dii adjuvent*, que les dieux nous aident ; c'est une corruption de l'antique *dieux-aident* ! On pourrait citer d'autres expressions de ce genre ; mais ce n'est pas ici le lieu. On sait que les druides allaient, au renouvellement de chaque année, cueillir sur les chênes le gui sacré qu'ils coupaient avec des serpettes d'or. Or, encore aujourd'hui, dans certaines contrées de l'Avranchin, notamment à Huisnes et dans les paroisses voisines, situées sur la baie du Mont Saint-Michel, les pauvres vont encore chercher la *gui-lan-neu*, c'est-à-dire la *gui l'an neuf*, ou des étrennes, et la *guilanneu* est considérée comme une aumône presqu'obligatoire. C'est bien là un souvenir du druidisme.

Aux druides et aux druidesses succédèrent les sorciers et les sorcières qui furent longtemps en grande vogue et n'ont pas encore peut-être complètement disparu. Les sorciers et sorcières ont donné le nom à plusieurs villages : la Lamerie, de *lamiæ*, sorcière, la Piloisière, de *pilosus*, le poilu, nom sous lequel on désignait le diable, et les pilois, c'est-à-dire les sorciers qui étaient en rapport avec lui, les Haraudières, les Caraudières, la Caurandrie, la Caurandière, de *carauda*, sorcière. — De caraude, sorcière, est venu le mot populaire *enquérauder*, pour dire ensorceler, et le mot *quéras*, sortilège. Nous avons souvent entendu parler de vaches *enquéraudées*, de vaches qui ont un *quéras*, ce qui explique aux yeux de certaines personnes pourquoi elles ne donnent plus ou presque plus de lait. Les anciens évêques ont fait une multitude de statuts et de mandements contre les sorciers.

Il y a encore des sorciers et des sorcières, des personnes qui en ont peur et cependant vont quelquefois secrètement les consulter ; car ceux et celles qui exercent maintenant ce métier ne le font pas trop publiquement. Leur moyen de garder une clientèle, c'est de rester cachés. Mais ils ne sont pas si cachés, que ceux qui veulent recourir à leur ministère ne pussent les trouver. Nous avons connu jadis un sorcier qui était très redouté : c'était un mendiant, et à cause de sa profession de sorcier qu'il avouait publiquement, personne n'osait rien lui refuser. Près de mourir, il appela le curé de la paroisse, et comme il s'était toujours donné comme sorcier, celui-ci, avant d'entendre sa confession, prit deux témoins et lui enjoignit, en leur présence, de déclarer publiquement qu'il renonçait à sa profession. « — Ah ! monsieur le curé ! dit le moribond, est-ce que vous m'avez cru sorcier ? » — « Certainement non, mais pourquoi vous faisiez-vous passer pour tel ? » — « C'était pour me rire du peuple stupide et ignorant ! » — Ce sorcier était un mendiant qui ne savait même pas lire !

Miron, village du canton du Teilleul, nous paraît encore rappeler des sorciers : car Miron paraît bien venir de *miro* ou *myrio*, qui fait voir ou apparaître des fantômes, et c'était bien un des moyens dont se servaient les sorciers pour se faire une clientèle.

On pourrait peut-être encore trouver d'autres lieux où les sorciers ont laissé des traces de leur passage.

En religion, le siècle d'Auguste et ceux qui le suivirent étaient très sceptiques ; la religion des Romains se réduisait alors à peu de chose ; il n'y avait guère que le culte officiel, que le culte public rendu aux dieux de l'empire ; et la vénération des Romains pour leurs dieux ne les portait pas à leur élever partout, comme on l'a supposé quelquefois, des temples et des statues ; ils ne le faisaient guère que dans les villes. D'ailleurs ils admettaient eux-mêmes les dieux étrangers, et les considéraient comme les leurs. Les empereurs Romains et les gouverneurs des provinces n'ont jamais persécuté que les chrétiens. On ne voit nulle part qu'ils aient inquiété un seul peuple à cause de sa religion : bien plus, l'histoire montre que les dieux des peuples conquis prenaient place au rang des divinités reconnues par les Romains. De ces raisons résulte que, comme il n'y avait aucune ville bien importante dans l'Avranchin, qu'Avranches même, alors peu considérable, était la seule, la religion romaine n'a laissé aucun souvenir dans le pays, sauf peut-être dans quelques médailles, monnaies ou statuettes appartenant à des particuliers. Il n'y a pas un seul lieu auquel les dieux de l'empire aient donné leur nom, pas une seule trace de la religion romaine. Nous avons montré en effet que nos Mont-joie et Mont-Jouy ne sont nullement des monts de Jupiter, et que l'égyptienne Isis n'a rien de commun avec Isigny.

Mais le christianisme a bien sa part dans les noms de lieux. C'est d'abord la Croix-Avranchin qui fut, dit-on, la première localité évangélisée dans le pays. Les missionnaires y plantèrent la croix, et y bâtirent un oratoire en l'honneur de la Sainte-Trinité. La paroisse de la Trinité, et toutes celles qui portent des noms de saints sont évidemment d'origine chrétienne. Parmi les noms de saints, quelques-uns ont été singulièrement défigurés ; Saint-Pancrace est devenu Saint-Planchers, Saint-Paterne est devenu Saint-Pois, jadis Saint-Pair-le-Servain, du nom des anciens seigneurs. — Sainte-Eugénie est devenu Sainte-Eugienne. Saint-Pierre est devenu Saint-Père dans le Val-Saint-Père, jadis appelé Saint-Pierre-des-Champs. Saint-Jacques est devenu Saint-James.

Outre les églises paroissiales, on éleva beaucoup d'oratoires ou chapelles en l'honneur de la Sainte-Vierge et des Saints. De là beaucoup de villages appelés la Chapelle, ou désignés par le nom d'un saint qui avait une chapelle en ce lieu. Plusieurs prétendent que le mot chapelle vient de *caper, capellus* dont on a fait *capella*, pour désigner les temples dédiés aux Sylvains, qu'on y représentait sous la forme de boucs. Cette étymologie nous paraît fausse. Chapelle vient selon toute apparence de *capa*, chape. C'est la chape de Saint-Martin, que les rois francs faisaient porter en tête de leurs armées; ils firent construire un oratoire pour la placer, et cet oratoire fut appelé chapelle, mot qui passa en usage pour désigner tous les oratoires.

Saint-Symphorien était jadis très honoré dans l'Avranchin et plusieurs chapelles avaient été construites en son honneur. Forien, village partagé entre Cuves et Saint-Laurent-de-Cuves, est une abréviation de Saint-Symphorien; jadis il y avait là une chapelle dédiée à ce saint, et il y a deux siècles, ce village dans les actes publics est encore appelé Saint-Cyphorien.

Notre-Dame-la-Fiévrouse, à Aucey, est une chapelle dédiée à la Sainte-Vierge, et ainsi nommée parce que les fiévreux y vont prier pour demander leur guérison. Notre-Dame-de-la-Bizardière, à Villechien, est encore une chapelle dédiée à la Sainte-Vierge, et la Bizardière, voisine du Bis (*busc*) ou du bois est la même chose que la Boisardière ou le village du Bois. Le Bis, nom propre, signifie le bois.

Villechien n'est point *Villa-Canis*, comme l'a cru M. Le Héricher; ce n'est pas l'habitation de Le Chien; c'est bien un nom très chrétien, *villa ecclesiæ*, le village de l'église. On trouve toutes les transformations de ce nom dans les chartes de Savigny, *villa ecclesiæ*, *villeclesie*, *villechiez* et Villechien.

La Basoge, nom de commune, est un nom chrétien; c'est *basilica*, église, dont on a fait *baseulchx*, *Basolche* et la Basoge.

La Chapelle-Urée, ou comme on dit encore dans le peuple, la Chapelle-Uslée, est *capella ustulata*, parceque suivant la tradition, ce n'était primitivement qu'une chapelle au milieu d'un bois, et ce bois ayant été consumé par les flammes, la chapelle ne fut point brûlée, mais simplement noircie par les flammes, *ustulata*.

Rancoudray vient, dit-on, de *ran-coudray*, coudraie, ou coudrier du belier, parceque, suivant la tradition, ce fut un mouton ou bélier, qui allant toujours se coucher près de ce coudrier, fit découvrir une statue de la Sainte-Vierge. Cette tradition quoique ancienne paraît contestable, et ce nom de Rancoudray y a peut-être donné lieu. Mais on trouve aussi Rond-Coudray, c'est-à-dire *rond-coudrier*, ou *ronde-coudraye*, qui pourrait bien être aussi la véritable étymologie.

Saint-Georges-de-Rouelley n'a pas pris son affixe de Rouelley; et l'ancienne traduction *sanctus Georgius de Rolliaco* n'a aucune raison d'être. Le nom de Rouelley est venu au contraire de ce que saint Georges avait été représenté primitivement dans l'église avec une roue, l'instrument de son supplice. A cause de cela, on l'avait appelé Saint-Georges-le-Rouellé, et comme ce nom était un peu long, on avait fini par supprimer Saint-

Georges et dire simplement Rouelley ; comme dans la Bretagne, Saint-Georges l'*enchaîné* était devenu Saint-Georges l'*enchienné* et, par suite, simplement Chienné, nom qui a déplu dans le siècle actuel et qu'on a changé officiellement en celui de Saint-Georges-de-Chesné. On a déchaîné Saint-Georges sans même se douter de ce que signifiait *chienné*. On a fait à toutes les époques des bévues de ce genre. Il faut convenir d'ailleurs que parfois les noms sont tellement défigurés qu'il est impossible ou à peu près de les reconnaître. — L'église d'Aurigny était jadis sous le vocable de saint Vignol. Quelque temps avant la Réforme, les habitants d'Aurigny ne trouvant pas sans doute de saint au Paradis qui répondît au nom de Vignol, remplacèrent saint Vignol par sainte Anne. — Saint Vignol cependant est saint Guénael dont on a fait saint Venael, Vinael, Winiau et Vignol. Il y a au diocèse de Vannes une paroisse qui porte le nom de Saint-Dolay, et ce nom ne se trouve dans aucun martyrologe. On croit que c'est saint Ethelvold, évêque irlandais ; mais on n'en est pas pas sûr et on a aussi changé le patron.

Les saints qui ont évangélisé le pays d'Avranches y ont aussi donné leurs noms à certains lieux. Il y a la fontaine Saint-Vigor, à Champeaux, la fontaine Saint-Ermel ou Saint-Armel, à Villiers et à Sainte-Pience, la fontaine Saint-Guillaume, à Mortain, et à Husson, la fontaine Saint-Gerbold, au Petit-Celland, près du village de la Berrière, et c'est la tradition constante que saint Gerbold a vécu en ce lieu, comme c'est aussi la tradition que saint Armel a fait jaillir à Villiers la fontaine qui porte son nom. Il y a la fontaine Saint-Ceneric, à Moutons, et c'était une tradition fort ancienne dans le monastère de Moutons que saint Cénéric avait habité en ce lieu, et y avait pendant quelque temps mené la vie eremitique. De Ceneric on a fait Célerin et Cesselin. La Chapelle-Cesselin est la chapelle de saint Céneric, qui en est le patron.

Dans beaucoup de paroisses, se trouvent des villages ou des pièces de terre appelées le Montier, le Moutier, les Moitiers (*monasterium*), Montreuil (*monasteriolum*), la Moinière, sans que cependant on puisse trouver aucun indice que ces terres aient appartenu à des moines ou qu'il y ait eu-là un monastère. Ces mots désignent des églises primitives, desservies par un clerc ; c'est l'habitation d'un solitaire. La plupart des églises primitives furent en effet fondées et desservies par des clercs, vivant selon la règle de saint Martin, retirés dans une petite habitation voisine de leur oratoire et dont ils ne sortaient que pour prêcher l'évangile ou visiter les malades. — La Montaiserie, au Mesnilgilbert (*monasterium*) paraît indiquer l'existence d'un ancien monastère, car auprès se trouve la Moinerie, terre des moines, et la Patience, terre à laquelle ils avaient sans doute donné ce nom parcequ'elle leur avait coûté beaucoup de travail pour la mettre en culture. — Les églises primitives furent toutes renversées par les Normands ; mais, après leur conversion, ils les relevèrent et en bâtirent de nouvelles, en laissant ordinairement à chaque paroisse son ancienne délimitation.

Les ermitages rappellent des lieux où vécurent des ermites. Celui du Val-Saint-Père, est le lieu où Guillaume Auvray, avec le frère Saux, vécut quelque temps en ermite avant de se retirer chez les camaldules de la forêt de Saint-Sever.

Les lieux appelés Hopital, Maison-Dieu, Hôtel-Dieu, rappellent d'anciennes maisons d'hospitalité pour les voyageurs pauvres ou malades ; on leur donnait là le logement pour la nuit et la nourriture. S'ils étaient malades, on y prenait soin d'eux jusqu'à ce qu'ils pussent continuer leur chemin. Il y avait dans l'Avranchin un grand nombre de ces maisons hospitalières; les hospices d'Avranches et de Mortain en ont remplacé deux anciennes. — La Maison-Dieu de Maison-Celles, près Mortain, qui semble avoir été primitivement un ermitage (*mansio-cellae*), était une hospitalité de ce genre.

Les Ladreries, Maladreries, Léproseries, indiquent des lieux où il y avait jadis des hôpitaux pour les lépreux. Il y en avait au moins une quinzaine dans l'ancien diocèse d'Avranches. Sans parler des lieux qui portent encore les noms ci-dessus mentionnés, il y avait à Saint-Sénier (maintenant en Saint-Oven) la Transportière ; bien qu'aucune tradition ne s'y rattache, ce mot paraît bien venir de *transportani*, lépreux, et désigner une ancienne léproserie.

L'abbaye et les abbayes désignent ordinairement des monastères gouvernés par un abbé, mais quelquefois aussi ces mots désignent simplement des terres appartenant à une abbaye. — Les Abbayes, à la Chaise-Baudouin, étaient une possession ancienne, mais depuis longtemps aliénée de l'abbaye de Sainte-

Trinité de Caen ; et il n'y avait point eu là de monastère. — L'Abbaye, à Brécey, était une propriété de l'abbaye de Savigny, où il n'y avait jamais eu de moines ; c'était simplement la résidence du régisseur des biens de Savigny, dans la paroisse. Le Prieuré ou la Prieuré indique souvent un ancien monastère gouverné par un prieur, ou le presbytère d'un prieur-curé, car il y avait plusieurs paroisses dont le curé était un religieux. Mais ces mots désignent aussi assez souvent une habitation avec ou sans chapelle, où les moines d'un monastère venaient de temps en temps pour leurs affaires, sans y faire un long séjour. Les titulaires des Maisons-Dieu, et des anciennes léproseries portaient aussi quelques fois le nom de prieurs, et leurs habitations étaient appelées le prieuré ou la prieuré. L'Evêché, le Bois-l'Evêque, le Moulin-l'Evêque, la Vesquerie, sont des possessions de l'Evêché.

La Chanterie, Chanterre, Chantore, désignent des terres qui appartenaient ou avaient primitivement appartenu au chantre d'une cathédrale, ou d'une collégiale de chanoines. La Nonnerie, les Nonneries, désignent des terres qui appartenaient ou avaient appartenu à des religieuses. — La Prise-aux-Nonains et la Chapelle-aux-Nonains, à Savigny, sont la prise et la chapelle aux religieuses ; la Nonais signifie peut-être la même chose ; cependant, nous croyons que ce nom vient plutôt de *nona*, mesure agraire.

Les Aumônes désignent des terres ayant appartenu au clergé paroissial, surtout aux curés, et quelques fois aussi aux communautés religieuses.

Terminons par les noms de saints donnés au baptême et qui sont devenus patronymiques. — Abraham a donné Abraham et par abréviation Breham et la Brehannière. — Adam, André, Anne, sont des noms donnés au baptême. D'André sont venus Andrieu, Audrieu (on disait jadis Monsieur saint Audrieu, pour Saint-André). — Mais Drieu, Drey et Driou, nous paraissent plutôt être des abréviations de Drogon, nom autrefois commun.

Anne a donné Année et Ané ; Barnabé a donné Barrabé et Barnave ; Barthélémy a donné Berthe, Berthelot et peut-être Bardou ; Benjamin a donné Jamin, et peut-être Jamet ; Daniel et David sont des noms donnés primitivement au baptême ;

Elisabeth a donné Isabelle, Isabet Izet et Lisée ; Emmanuel a
donné Manuel, Menuet et Lemenuet ; Jacob ou Jacques ont
donné les noms propres Jacob, Jacques, Jacquet, Jacquard, Jac-
quelin, Jacqueline, James, Jamelot, Jamard, Jamaux, Jamont.

Jean a donné Johan, Jehan, Jean, Jeannet, Janet, Janin,
Jeanne, Jeanson, Jannot Jeanneau, Jouenne, Jouninet, Jouan,
Gohard, Gohin, et par l'intermédiaire de ces noms, la Jouen-
nerie, la Gohannière, nom de commune qui signifie l'habita-
tion de Jean. — Le J se change assez souvent en G, comme le
G se change en J.

Guillaume, nom de baptême, très commun à une certaine
époque, a donné Guillaume, Guilmet, Guilmin, Guillemot,
Guilmoteau, Guilman, et peut-être encore plusieurs autres
noms qui s'en rapprochent. En Bretagne, le nom de Guillelmine
est devenu Metine ; ce qui fait supposer que Mette et Miette
pourraient bien venir aussi de Guillaume. Lucas a donné Lucas,
Luce, Luquet et Luchet. Madeleine a donné Madelaine, et peut-
être Maddeline. Mathieu est un nom de baptême. Michel a
donné Michel, Michelot, Michelet, Miche, Michon, Micot,
Micouin, Miquelard. De Michel, vient le village appelé la Mi-
chellière. Moyse et Pascal d'où Pasquier, Paquier et Paquet,
sont des noms donnés au baptême. Simon a donné Simon et
Simonnet. Thomas a donné Thomine, Thomas, Thomassin,
Thomin, Thoumin. Le nom propre Sarrazin, comme Yger, et le
Bougre, est encore un sobriquet donné par les seigneurs à leurs
serfs.

De cet aperçu rapide et un peu décousu nous pouvons, ce
nous semble, conclure que l'étude des étymologies n'est pas
inutile. Faite sur une plus grande échelle, elle amènerait bien
des révélations inattendues. On y trouverait des renseignements
précieux pour l'histoire du pays, enseignements d'autant plus
précieux qu'ils nous ont été transmis par des témoins que
personne n'a songé à corrompre, et dont la véracité ne peut
être contestée.

L. C.

‡ Avranches. — Imp. typ. et lith. de Jules Durand, rue Quatre-Œufs, 24 ‡

www.ingramcontent.com/pod-product-compliance
Lightning Source LLC
Chambersburg PA
CBHW052115090426
42741CB00009B/1824